कुछ बोला गया
कुछ लिखा गया

कुछ बोला गया
कुछ लिखा गया

सुभाष मिश्र

ISO 9001:2008 GVE ज्ञान विज्ञान एजूकेयर

प्रकाशक • **ज्ञान विज्ञान एजूकेयर**
3639, प्रथम तल
नेताजी सुभाष मार्ग, दरियागंज
नई दिल्ली–110002

संस्करण • प्रथम, 2017
आवरण • भालचंद्र जोशी
मूल्य • तीन सौ रुपए
मुद्रक • आर–टेक ऑफसेट प्रिंटर्स, दिल्ली

KUCHH BOLA GAYA, KUCHH LIKHA GAYA

by Subhah Mishra ₹ 300.00

Published by GYAN VIGYAN EDUCARE
3639 Netaji Subhash Marg, Darya Ganj, New Delhi-110002
ISBN 978-93-84344-64-1

प्रिय बेटियाँ

सुरूचि एवं **सुरभि** के लिए

जिनके होने से मेरे जीवन के

एक बड़े क्षेत्रफल की कोमल और संवेदन

हरितिमा बची हुई है।

भूमिका के दो शब्द की अनिवार्यता

इस पुस्तक के लिए भूमिका लिखना मेरे लिए इसलिए जरूरी हो गया कि ये अधिकांश निबंध 'रायपुर साहित्य महोत्सव-14' के अवसर पर दिए गए आधार-वक्तव्य हैं। आयोजन के कुछ दिनों बाद मैंने देखा कि इन निबंधों या आख्यानों में विविधता है। ऐसी विविधता, जो विषय के स्तर पर ही नहीं, समकालीन संकट, चुनौतियाँ और उनके कारक तत्त्वों की पड़ताल के प्रयास में भी है।

इस आयोजन के प्रसंग को लेकर पर्याप्त पक्ष-विपक्ष मुखर रूप से अपनी बात कह चुका है, लेकिन मैं चाहता हूँ कि जो इस आयोजन में कहीं थे, वे भी इसका सांस्कृतिक उद्देश्य और सत्ता के किसी ज्ञात-अज्ञात और हस्तक्षेप के बगैर संपन्न हुए आयोजन के बारे में पढ़ें और प्रसंग के बारे में अपने पक्ष या विपक्ष की एक राय बनाएँ।

जहाँ जरूरी है, जहाँ सत्ता के संकट को संस्कृति के संकट में बदलने की अबोध-सी लगनेवाली कुटिलता है, वहाँ निश्चय जाने या उपस्थित होने से परहेज पालना चाहिए, मैं इस विरोध का पूरा हामीदार हूँ, लेकिन जब आयोजन सत्ता के हस्तक्षेप के बगैर साहित्यकारों या साहित्यिक अभिरुचियों वाले व्यक्ति की देखरेख और दायित्व भार का हिस्सा हो, वहाँ बगैर कोई जानकारी हासिल किए विरोध सिर्फ 'विरोध की आदत' का हिस्सा होता है।

कई बार इस विरोध की लत के चलते ही महत्त्वपूर्ण आयोजन, जो आम जनता के कर का महत्त्वपूर्ण और श्रम का आर्थिक प्रतिदान है, उसके दुरुपयोग के लिए हम स्पेस छोड़ते ही नहीं, खुद बना देते हैं। उसके बाद

ऐसे-ऐसे आयोजन अपने मूल उद्देश्य से भटककर ऐसे हाथों में पहुँच जाते हैं, जो अपनी नितांत सतही साहित्यिक, सांस्कृतिक समझ और अर्थ-प्राप्ति की एक लोभी-ललक के हवाले हो जाते हैं। फिर सारे लोग छाती कूटते हैं कि साहित्यिक या सांस्कृतिक आयोजन सत्ता को नहीं कराना चाहिए, क्योंकि उसमें भ्रष्टाचार से लेकर संकीर्णता और अनपढ़ लोगों की सक्रिय उपस्थिति निर्मित हो जाती है और कार्यक्रम फूहड़ हो जाते हैं। कुछ अर्थों में या किन्हीं अवसरों पर यह सच हो सकता है, लेकिन ऐसा होने देने में हमारी उदासीनता और सत्ता की संस्कृति-समझ के प्रति धिक्कार भावना इतनी प्रबल हो जाती है कि किसी संस्थान या संगठन के प्रति विरोध या असहमति शत्रुता की हद तक होते हुए विरोध को उस सत्ता संचालित संगठन या किसी कार्यक्रम की अपेक्षा अपने से सहमत व्यक्तियों के बीच बहुत उत्तेजक और धिक्कार भाषा में प्रकट करते हैं। क्यों? जब सभी आपसे सहमत हैं। उपस्थित सभी व्यक्ति एक ही संगठन के सदस्य हैं तो वहाँ घृणा की ऐसी उत्तेजक भाषा में असहमति के प्रकटन का कोई अर्थ नहीं है।

किसी साहित्यिक-सांस्कृतिक मंच पर या राजनीतिक मंचों पर घृणा से भरी लड़ाइयाँ या विवाद (विमर्श), आमने-सामने प्रकट किए जाते हैं तो बोलने के लिए उपलब्ध कराए गए एक खुले मंच पर, जहाँ अभिव्यक्ति की स्वतंत्रता भी हो तो विरोध किस बात का? वहाँ उपलब्ध कराए गए मंच का शासकीय या गैर-शासकीय होना निरर्थक तर्क है, जब वहाँ अभिव्यक्ति के लिए स्वतंत्रता और लोकतांत्रिक सुविधा हासिल हो। उनके 'विरोध की लत' अपने अभ्यास को दुहराने लगती है।

इनमें से कुछ निबंध जो बस्तर या आदिवासी जन-जीवन को लेकर लिखे गए हैं, मैंने पूरी कोशिश की है कि वे एक पर्यटक के संस्मरण नहीं, बल्कि आदिवासी जीवन के दुःख, पीड़ा और उस ताप का वर्णन भी रहें, जो आदिवासियों के निजी जीवन में बाहरी हस्तक्षेप से पैदा हुआ है। मैंने अपनी ओर से यह भी कोशिश की है कि शहर और गाँव में हुए बदलाव और अमरीका की जीवन शैली में भी सिर्फ ऊपरी सतह के तथाकथित आधुनिक बदलाव नहीं हैं। इन सबकी जड़ें प्राप्य की भूमि में भिन्न लोभ के साथ धँसी हुई हैं।

आज जो तकनीक बदल रही है, वह आम आदमी के हित में और तकनीक ही नहीं, सूचना प्रौद्योगिकी के भव्य आगमन का इतना ज्यादा ढोल पीटा गया था कि अब उस ढोल को गले में लटकाए रखने की विवशता भी है।

इस परंपरा और रूढ़ियों से मुक्ति का कोई मार्ग नहीं है। यहाँ ग्लोबल विलेज के सपने में मध्यवर्ग को गुम करके बाजार पर पूरा कब्जा करने की घृणित मंशा है, जिससे बहुराष्ट्रीय कंपनियाँ जरा भी लज्जित नहीं हैं, बल्कि वे इसकी सफलता के लिए रोज नए-नए सूत्र और उपाय खोजने में व्यस्त हैं। इन सब पर कब्जा करके वे निम्नवर्ग और मध्यवर्ग को यह भरोसा दिलाने में कामयाब हो गई हैं कि शायद हमारा सार्थक अतीत, जिस पर हमें गर्व था, महज निरर्थक और पिछड़े होने का मासूम भ्रम और धैर्य था।

बहरहाल··· अधिकांश निबंध उसी अवसर पर दिए गए वक्तव्य हैं।

ये सारे कागज मैं लिखकर कहीं भूल गया था, लेकिन मेरी पत्नी रचना ने निरंतर दबाव बनाकर इन्हें खोजने का अभियान शुरू किया और पुस्तकाकार के लिए आग्रह को जिद के सफल मुहाने पर खड़ा कर दिया। इन निबंधों को पुस्तक के रूप में देखकर अब उसके श्रम और मेरे लेखन के प्रति उसके सम्मान-भाव के प्रति कृतज्ञता प्रकट करता हूँ।

यह पुस्तक मैं अपनी बेटियों को इसलिए समर्पित कर रहा हूँ कि मेरी रचनात्मक सक्रियता में उनके उत्साह का बड़ा हाथ है। भालाचंद्र जोशी के शब्द उधार लेकर कहूँ तो बेटियाँ इस धरती पर पुरुषों के अपराधों का क्षमा दान है।

मैं जयप्रकाश, आनंद हर्षुल, भालचंद्र जोशी और सियाराम शर्मा जैसे अपने मित्रों के प्रति भी कृतज्ञता व्यक्त करता हूँ कि मेरे इन विचारों में उनके विचार भी सन्निहित हैं। यह अलग बात है कि मेरे इन मित्रों को मेरा कृतज्ञता व्यक्त करना और इस तरह औपचारिक होना निस्संदेह अजीब लगेगा।

—सुभाष मिश्र

पुरोवाक्

इस पुस्तक में संगृहीत निबंध दरअसल पारंपरिक निबंधों की संरचना से विद्रोह करते हैं, खासकर ललित निबंधों की मृतप्राय देह से प्रेत जगाने की कोशिश तो ये बिल्कुल ही नहीं हैं। इन निबंधों के सहारे न सिर्फ हमारे समाज, संस्कृति और पूरे समय की पड़ताल की जितनी कोशिश है, उतनी ही उसे नए संदर्भों में देखने-परखने की ललक भी है।

इस बाजार-समय में जब सब कुछ बाजार के हवाले है, तब जीवन-मूल्यों को सुरक्षित रखने की सतर्क कोशिश और मानवीयता के संदर्भ में उसकी विविधता और जटिलता के साथ मुठभेड़ का एक सार्थक साहस भी है। इस पुस्तक के अधिकांश निबंध आज के जीवन-यथार्थ को उसके समूचे अर्थ-संदर्भों में प्रकट करते हैं। साथ ही समय की जटिलता और उसकी व्याख्या की अनिवार्यता में संवाद की स्थिति भी निर्मित करने का ये विवेकपूर्ण साहस और प्रयास हैं।

इस पुस्तक के निबंधों में उन कारक तत्त्वों की पड़ताल भी है, जिसमें एक लोकतांत्रिक व्यवस्था में अभिव्यक्ति का संकट या कम-से-कम उसकी उपस्थिति की संभावना का भय निर्मित हो जाता है। इन निबंधों में 'सत्ता और साहित्य' तथा 'सत्ता और संस्कृति' के द्वंद्वात्मक रिश्तों को उसके ऐतिहासिक संदर्भों में पकड़ने का प्रयास है।

एक कठिनाई यह है कि इसी बीच धर्मनिरपेक्षता के निश्छल से लगनेवाले चेहरे हमें संघर्ष में अकेला ही नहीं छोड़ते, बल्कि हमारे संघर्ष के ध्येय को सांस्कृतिक संकट की तरह प्रस्तुत करके विखंडित और आत्म-निर्वासन की

गहरी घाटियों में अकेला छोड़ देते हैं। फिर अपनी ओर से एक सरल और निष्कलंक सा लगनेवाले सांस्कृतिक-संवाद की माँग पैदा की जाती है और संभावनाओं को विकृत किया जाता है।

दर्शन और निष्ठा दोनों भिन्न अर्थों के पद हैं। इस समय में इनका ऐसा घालमेल तैयार किया जा रहा है कि नए परिवेश और सोच के दायरे में सारे निष्कर्ष निष्फल घोषित हो जाते हैं। इनका एक कारण संभवतः यह भी है कि हमने नए प्रतिमानों की खोज नहीं की और जो किया प्रायः पश्चिम का अनुवाद रहा। सप्रयास पैदा किया गया घालमेल कोई एक दिन में तैयार हुआ नहीं है। 1947 से लेकर आज तक सत्ता और उसके सलाहकारों की भूमिका में उतरे उतावले बुद्धिजीवियों ने इन सबको अप्रासंगिक घोषित करने के लिए भाषा के खिलवाड़ से संस्कृति को सत्ता का हिस्सा बनाने के लिए बहुत ही श्रम के साथ नए मुहावरे गढ़े। ये निबंध इन चालाकियों को भी अनावृत करते हैं। इन निबंधों को पढ़ना अपने समय से संवाद है।

सुभाष मिश्र का पेशा पत्रकारिता से बहुत करीब से जुड़ा है। साथ ही थियेटर के प्रति बहुत गंभीर, समर्पित और जुनून की हद तक सक्रिय संबद्धता है।

बहुत संभव है कि इनमें से कुछ निबंध सूचनात्मक लगें, लेकिन बावजूद इसके इन निबंधों में मनुष्यता की पक्षधरता के प्रति असंदिग्ध और स्पष्ट विश्वास की तस्वीर है।

—भालचंद्र जोशी

अनुक्रम

सत्ता, साहित्य और संस्कृति

"रायपुर के पुरखौती मुक्तांगन परिसर में 12 दिसंबर से 14 दिसंबर, 2014 तक 'रायपुर साहित्य महोत्सव' का आयोजन सरकार द्वारा किया जा रहा है। इस आयोजन में देश भर के जाने-माने साहित्यकार, रंगकर्मी, फिल्मकार और अन्य विधाओं से जुड़े लोग आ रहे हैं। तीन दिनों में करीब 70 से अधिक विषयों पर बातचीत होगी। देश भर से छह हजार से अधिक लोगों की स्वीकृति अभी तक इस आयोजन में सहभागिता के लिए आ चुकी है। 'जयपुर लिटरेरी फेस्टिवल' की तर्ज पर होनेवाले इस आयोजन को लेकर काफी कुछ चर्चाएँ सोशल मीडिया, समाचार-पत्रों और साहित्यिक बिरादरी के बीच हैं। इन्हीं सब बातों को ध्यान में रखकर 'रायपुर साहित्य महोत्सव' से जुड़े विभिन्न विषयों पर लिखने का आग्रह मित्रों द्वारा किया गया है। कल सिनेमा और साहित्य पर अपनी बात कही थी, आज सत्ता, साहित्य और संस्कृति पर टिप्पणी।

साहित्य और संस्कृति में सत्ता का हस्तक्षेप होना चाहिए या नहीं, इसे लेकर लंबे समय से विमर्श जारी है।

रायपुर में आयोजित होने जा रहे 'रायपुर साहित्य महोत्सव-14' को लेकर सोशल मीडिया पर भी इस बात को लेकर काफी कुछ लिखा जा रहा है। महोत्सव के पहले दिन सत्ता, साहित्य और संस्कृति पर विमर्श होगा। इस विमर्श में आनंदवर्धन शर्मा, अशोक शाह, विश्वरंजन, बी.के.एस. रे और सुशील त्रिवेदी भाग लेंगे। इनमें से अधिकांश सत्ता के शीर्ष पर रहे हैं और भली-भाँति जानते हैं कि सत्ता किस तरह से काम करती है और संस्कृति इसके एजेंडे में कहाँ है!

कुछ लोग इस आयोजन के पीछे सरकार का गुप्त एजेंडा खोज रहे हैं, तो कुछ लोगों को लगता है, राज्य में नसबंदी से हुई मृत्यु से उपजे आक्रोश और प्रचार को कम करने की गरज से यह आयोजन किया जा रहा है। किसी को पैसे की बरबादी, तो किसी को अपनी स्थानीय अस्मिता खतरे में दिख रही है, किसी को नहीं बुलाए जाने की पीड़ा है। आयोजक इन सब बातों से बिना विचलित हुए पिछले 4 महीने से आयोजन की सफलता के लिए लगे हुए हैं। वरिष्ठ साहित्यकार प्रभाकर चौबे कहते हैं, *''सवाल यह भी है कि क्या सरकार को अपने नियंत्रण में, अपना कोई साहित्यिक आयोजन करना चाहिए, नहीं करना चाहिए। सरकारी आयोजन में बोलने पर एक अदृश्य पहरा तो होता ही है।''* वे कहते हैं, *''सरकार अपनी आलोचना बरदाश्त नहीं करती, अब तो स्वस्थ आलोचना के लिए भी स्पेस नहीं छोड़ा जा रहा है, बड़ा ही भयावह समय है, सांस्कृतिक, आतंकवाद का काल चल रहा है। साहित्यिक-सांस्कृतिक आयोजन स्वायत्त संस्थाओं, सांस्कृतिक, साहित्यिक संस्थाओं के जिम्मे ही रहने दिया जाए, सरकार केवल मददगार की तरह काम करे।''*

इस 'साहित्य महोत्सव' में भाग लेने देश के ख्यातिनाम साहित्यकार, ब्यूरोक्रेट श्री अशोक वाजपेयी आ रहे हैं। सन् 1985 के आस-पास की बात है, जब मध्य प्रदेश की सरकार ने 'भारत भवन' जैसा सांस्कृतिक केंद्र बनाया था और देश-विदेश की कला-संस्कृति को बढ़ावा देने का प्रयास किया था। उस समय भी यह बहस तेजी से होने लगी थी कि सत्ता और साहित्य में संबंध क्या है? साहित्य और संस्कृति सत्ता के हस्तक्षेप से कैसे बचे हैं? अशोक वाजपेयी, जिन्होंने 'भारत भवन' जैसा बहुसांस्कृतिक केंद्र बनाने में महती भूमिका निभाई है, वे भी इस विषय पर सन् 1985 के दौर में काफी कुछ लिख चुके हैं, बोल चुके हैं। यह बहस पुरानी है। 'भारत भवन' में जहाँ अंतरराष्ट्रीय स्तर पर न जाने कितने सार्थक आयोजन हुए, किंतु निजाम बदलने के साथ उसका स्वरूप, साहित्यकार, चर्चा के विषय और प्राथमिकताएँ भी बदलीं। संस्कृति का यह केंद्र सत्ता के उतरते-चढ़ते तापमान से कभी भी अछूता नहीं रहा।

हिंदी साहित्य में प्राय: यह दुर्भाग्य पाया गया है कि प्रतिरोध के साहित्य को विचारधारा की अनिवार्यता में देखा जाता है। विचारधारा के साक्ष्य जुटाकर ही साहित्य की आलोचना तय होती है। कई बार एक लेखक लंबे समय तक 'कलावादी' घोषित होते रहने के बावजूद नितांत निजी रुचि और लगाव के कारण एकाएक प्रगतिशील हो जाता है। इसलिए प्रतिरोध के लिए विचारधारा से लगाव की उतनी अनिवार्यता नहीं होनी चाहिए, जितनी प्रतिरोध के लिए लेखक की समय, समाज और मनुष्यता के लिए प्रतिबद्धता।

हिंदी साहित्य के परिदृश्य में कई ऐसे महत्त्वपूर्ण कवि और लेखक हैं, जिन्होंने निरंतर आत्मावलोकन को अनदेखा किए बगैर अनुभव और संरचना के युग्म को एक सार्थक पहल में तब्दील किया है। वे प्रतिरोध के संकल्प में अनुभव की आवाजाही में स्थापत्य की अनिवार्यता की अनदेखी नहीं करते हैं। कवियों में निराला, मुक्तिबोध, नागार्जुन, केदारनाथ अग्रवाल से लेकर नई पीढ़ी के अनेक कवि हैं। इसी तरह प्रेमचंद, मंटो, यशपाल से लेकर ज्ञानरंजन और रेणु तक अनेक लेखक हैं। इनके लेखन में करुणा, क्रोध और प्रतिरोध के इतने प्रकट और अप्रकट अर्थ हैं कि रचना का ध्येय और प्रतिरोध की ध्वनि एक-दूसरे का पर्याय हो जाते हैं। हालाँकि 'प्रतिरोध के साहित्य' के लिए यह स्पष्ट होना जरूरी है कि आखिरकार इस प्रतिरोध का ध्येय क्या है और उसकी सामाजिक उपादेयता कितनी है, साथ ही प्रतिरोध के साहित्य की भाषा नारे की शक्ल में या किसी मेनिफेस्टो की शब्दावली में आकार ग्रहण नहीं करे। प्रतिरोध की रचना की ध्वनि एकदम स्पष्ट और साफ होनी चाहिए। उसकी गति और दिशा स्पष्ट होनी चाहिए यानी अपनी संवेदना और प्रतिबद्धता का संतुलन इस तरह से संप्रेषणीय हो, जहाँ लेखक की मनुष्यता के प्रति आस्था स्पष्ट हो जाए।

किसी निराकरण पर न पहुँचनेवाला प्रतिरोध एक निजी आलोचनात्मक चेतना के साथ अंतत: पूर्वग्रह का शिकार हो जाता है। साहित्य में प्रतिरोध कोई नकार का विकल्प नहीं है, बल्कि सामाजिक चेतना के पक्ष में एक अवसर और मूल्य की स्थापना है। कोरा नकारभाव कई बार रचना को प्रचलित फैशन में परंपरा का विरोधी होने को उत्साहित करता है। दरअसल

कई बार परंपरा से आलोचनात्मक रिश्ता होते हुए भी उसके निषेध की अपेक्षा उसका सर्जनात्मक विकास में उपयोग किया जा सकता है। इसलिए प्रतिरोध सामाजिक स्थितियों से उत्पन्न होता है, उसका रचनात्मक निर्माण नहीं किया जा सकता है। इसलिए रचना और प्रतिरोध के अंतर्संबंधों में बहुत कुछ नव निर्माण भी होता है तो बहुत सा अनावश्यक या अप्रासंगिक छूट भी जाता है। जो लेखक-परंपरा में अंतर्निहित सर्जनात्मकता का बहुआयामी उपयोग कर लेते हैं, वे रचना को सार्थक भी बना देते हैं। ऐसी रचना ही प्रतिरोध का सच्चा स्वप्न रचती है और निज से पृथक् होकर मानवीय स्वातंत्र्य को एक विस्तारित अर्थ देती है। मनुष्यता को लेकर पक्षधरता और अभिव्यक्ति की ईमानदार कौशल-रचना की सार्थकता और सांद्रता को अर्थ देते हैं।

हिंदी साहित्य का आंशिक दुर्भाग्य यह भी रहा है कि एक हिंसक और आक्रामक भाषा को प्रतिरोध या प्रतिकार के लिए अनिवार्यता में स्थापित करने के अबोध प्रयास हुए अन्यथा प्रत्येक सार्थक लेखन अपने आपमें प्रतिरोध का साहित्य है।

सरकार द्वारा किए जानेवाले आयोजनों को लेकर साहित्यकारों की जवाबदारी और भागीदारी क्या होनी चाहिए? क्या उन्हें इस तरह के आयोजनों से दूर रहना चाहिए? मुझे लगता है कि सरकार जनता के पैसों से यदि कोई अच्छे कार्य करती है तो हमें उसमें शामिल होना चाहिए। रही बात उसके गुप्त एजेंडे की, उस पर कहीं भी और कभी भी बात की जा सकती है। सरकार साहित्य का आयोजन कर रही है, कोई मुजरा नहीं करा रही है, इसलिए हमें केवल विरोध के लिए विरोध दर्ज नहीं करना चाहिए। शासन का पैसा, जो कि जनता का ही पैसा है, वह अच्छे कार्य में खर्च हो, यह देखना भी हमारी जिम्मेदारी है। बहुत बार हमारी निष्क्रियता, सरकारी पैसा, अनुदान लेने की हिचक के चलते, बहुत सारी फर्जी संस्थाएँ सरकारी पैसे प्राप्त कर लेती हैं और गंभीर काम करनेवाले लोग ठगे से देखते रहते हैं।

'भारत भवन' के जरिए आनेवाले फोर्ड फाउंडेशन के अनुदान को लेकर हमने 'प्रगतिशील लेखक संघ' और 'इप्टा' की ओर से लंबे समय तक 'भारत भवन' का बहिष्कार किया, किंतु आज बदलते समय में सांस्कृतिक-

साहित्यिक आयोजन बड़े-बड़े मीडिया समूह, इवेंट में तब्दील हो रहे हैं, पूँजी और बाजार साहित्य का एजेंडा तय कर रहे हैं। गांधीजी ने बहुत पहले ही इस बारे में सचेत करते हुए कहा था, *''हम स्वस्थ सांस्कृतिक प्रभावों के लिए अपने दरवाजे-खिड़की खुले रखें, पर अपनी बुनियाद पर कायम रहें। उपभोक्ता संस्कृति हमारी नींव को हिला रही है, यह एक बड़ा खतरा है, भविष्य के लिए बड़ी चुनौती है।''*

'रायपुर साहित्य महोत्सव' की कल्पना को मूर्त रूप देनेवाले, जनसंपर्क विभाग के संचालक श्री रजत कुमार के अनुसार राज्य की समृद्ध साहित्यिक तथा सांस्कृतिक परंपरा को और आगे ले जाने की दिशा में यह प्रयास है। इस आयोजन के जरिए जहाँ छत्तीसगढ़ की सृजनात्मकता से देश भर को परिचित कराने का अवसर प्राप्त होगा, वहीं राष्ट्रीय स्तर पर विभिन्न विषयों पर चल रहे विमर्श में छत्तीसगढ़ के लोगों को भी भागीदारी प्राप्त होगी। हिंदी साहित्य की मुख्यधारा में सक्रिय साहित्यकारों के साथ-साथ सुदूर ग्रामीण इलाकों में लोक साहित्य की साधना में रत रचनाकारों को भी एक मंच पर लाने का प्रयास किया जा रहा है। शासन की सोच यह है कि मानवीय मूल्यों को स्थापित करने और उनके प्रति प्रतिबद्ध बने रहने के लिए साहित्य ने हमेशा प्रेरित किया है। इस आयोजन के माध्यम से हम अपने साहित्यिक परिवेश को और ज्यादा घना करना चाहते हैं।

जब हम साहित्य, संस्कृति और सत्ता की बात करते हैं तो हमें यह नहीं भूलना चाहिए कि आज के दौर में सत्ता का मतलब केवल राजनीतिक सत्ता से नहीं है, अर्थनीति सत्ता बनकर संस्कृति के क्षेत्र में भी हस्तक्षेप कर रही है। राजनीतिक सत्ता को पूँजी की सत्ता ने गुलाम बनाकर रखा है। पूँजी, बाजार और टेक्नोलॉजी, ये तीनों मिलकर सत्ता और संस्कृति को प्रभावित कर रहे हैं।

राजनीतिक सत्ता को सांस्कृतिक कर्म में हस्तक्षेप करना चाहिए कि नहीं, सरकार को संस्कृति के प्रति संवेदनशील होना चाहिए कि नहीं? ऐसे बहुत से सवाल हैं। इन सवालों के बीच यह भी विचारणीय है कि सत्ता की विचारधारा संस्कृति में हस्तक्षेप करती ही है। केवल राजनीतिक ही नहीं,

पूँजी के भी अपने स्वार्थ हैं। भूमंडलीकरण के दौर में बहुराष्ट्रीय कंपनियों ने आज टी.वी. जैसे माध्यम को अपने आप में एक सत्ता में तब्दील कर दिया है। बाजार आज सत्ता की नियति तय करता है। जन संस्कृति धीरे-धीरे समाप्त हो रही है। जनता को अपनी प्राथमिकता को लागू करने के लिए कोई अवसर, अधिकार नहीं हैं। लोक की ताकत धीरे-धीरे कम हो रही है। विकास के नाम पर लोक को उनकी जड़ों से काटा जा रहा है।

बाजार और मीडिया हमें पूँजी के दम पर बार-बार भरमा रहे हैं कि वे जो परोस रहे हैं, वही श्रेष्ठ है। हमारा अनुभव, हमारी परंपरा, संस्कृति, खान-पान, रहन-सहन, इतिहास और स्मृतिबोध हमें सचेत कर रहे हैं कि जीवन की गुणवत्ता आलू के चिप्स से नहीं सुधरेगी। हमारी प्यास डिब्बाबंद शीतल पेयों से नहीं बुझेगी। पिज्जा, बर्गर कितनी ही अच्छी ही पैकेजिंग में हमें क्यों न मिलें, वे हमारे स्वास्थ्य के लिए हानिकारक हैं।

समाज वैज्ञानिक श्यामाचरण दुबे अपनी पुस्तक 'समाज और संस्कृति' में कहते हैं, ''संस्कृति के क्षेत्र में सत्ता का हस्तक्षेप प्रत्यक्ष और परोक्ष रूप से निरंतर होता रहता है। मनोरंजन, सूचना और शिक्षा, ये तीनों संस्कृति को प्रभावित करते हैं। कालांतर में ये माध्यम स्वयं संस्कृति के प्रभावी अंग बन जाते हैं और परंपरा एवं समाज के बीच मध्यस्थता करते हैं।''

बहस निरंतर जारी है, विस्तार से 'साहित्य महोत्सव' में इस पर बातचीत होगी।

□

सहमति-असहमति के बीच

'रायपुर साहित्य महोत्सव-14' पुराने और नए रायपुर के बीच में संस्कृति विभाग द्वारा विकसित किया गया पुरखौती 'मुक्तांगन' आनेवाले तीन दिनों तक कला, साहित्य और संस्कृति के महापर्व का गवाह बनेगा। इस परिसर में बनाए गए पंडाल, जो कि छत्तीसगढ़ की चार महान् विभूतियों के नाम पर हैं, उनमें देश भर के ख्यातिनाम लेखक, रंगकर्मी, चित्रकार, विचारक और सांस्कृतिक कार्यकर्ता उपस्थित रहकर हमारे समय के प्रश्नों से रू-ब-रू होंगे, वहीं वे स्मृतियों के बहाने अपने पुरखों को भी पुरखौती मुक्तांगन में याद करेंगे। 'रायपुर साहित्य महोत्सव' में छत्तीसगढ़ के साहित्य से लेकर विश्व साहित्य पर अलग-अलग विषयों को लेकर अलग-अलग पंडालों और समूहों में लगातार चर्चा होगी। इस महोत्सव में केवल साहित्यकार नहीं, आमजन भी और विशेषकर स्कूल-कॉलेजों के विद्यार्थी भी हिस्सा लेंगे। यह अपने आपमें किसी महाकुंभ जैसा ही है। जिनकी आस्था कला, साहित्य, संस्कृति और मनुष्यता में है और वे अपनी दुनिया को जैसी है, उससे बेहतर देखना चाहते हैं, वे सभी लोग यहाँ पर राजनीति की अग्रगामी माने जानेवाली कला-संस्कृति के बहाने अपने समय के सवालों से गंभीरता के साथ रू-ब-रू होंगे। साहित्य की यह सार्थक पहल की अनुगूँज आनेवाले कई दशकों तक साहित्य में नए विमर्शों को जन्म देगी। 'साहित्य महोत्सव' में चर्चा के लिए चुने गए साहित्य से संबंधित विषयों को लेकर अलग-अलग टिप्पणी है।

साहित्य और लोकतंत्र—मनुष्य अपने मूल अधिकार, मनुष्य के रूप

में जीने की स्वतंत्रता को अर्जित और अभिप्रमाणित करता है। इस धरती पर जीवन धारण करनेवाला प्रत्येक व्यक्ति अपनी आकांक्षा और स्वप्न के साथ, अपनी संवेदना एवं अनुभूति के साथ साहित्य के लोकतंत्र का नागरिक होता है, लेकिन सामाजिक जीवन में सक्रिय अनेक शक्तियाँ स्वतंत्रतापूर्वक जीने की नागरिक आकांक्षाओं का हनन करती हैं और तरह-तरह से प्रभुत्व स्थापित करने का प्रयत्न करती हैं। इस प्रयत्न में एक तरफ मानवीय मूल्यों का न सिर्फ क्षरण होता है, बल्कि समाज में ऐसे मूल्यों का सृजन होने लगता है, जो सत्ता के अतिचार, उसकी दमनकारी उपस्थिति को वैधता प्रदान करते हैं। बेशक साहित्य में समाज के भीतर प्रचलित मूल्यबोध ही प्रतिबिंबित होता है, लेकिन चूँकि साहित्य एक वैकल्पिक लोकतंत्र है, जहाँ हम अपनी समूची मानवीय गरिमा के साथ सिर उठाकर जी सकते हैं, इसलिए दमन की शक्तियाँ सहज ही अनावृत्त हो उठती हैं। साहित्य के इस नैतिक लोकतंत्र में मनुष्य स्वतंत्रता की साँस ले सकता है। दूसरी तरफ यह भी विचार किया जाना चाहिए कि दुनिया के तमाम लोकतंत्र क्या साहित्य की प्राणवायु को अपने भीतर महसूस कर पाते हैं या वे स्वयं दमन की शक्तियों में रूपातंरित होकर साहित्य की अकुंठ आवाज को अपना शिकार बनाते हैं? स्वतंत्रता, समता और सौहार्द का सामाजिक चरितार्थ किस तरह राजनीति और साहित्य में प्रकट हो रहा है?

असहमतियों के बीच साहित्य—साहित्य एक लोकतांत्रिक कला है, साहित्य मनुष्य का बुनियादी लोकतंत्र भी है। लोकतंत्र में प्रतिपक्ष की महत्त्वपूर्ण भूमिका होती है। साहित्य का सौंदर्य ही यही है कि उसमें विविध स्तर आपस में टकराकर उसे ज्यादा समृद्ध बनाते हैं। जिस समाज और साहित्य में असहमतियों के लिए जगह नहीं होती, वह एक 'गैर लोकतांत्रिक-फासीवाद' समाज होता है। हमें असहमतियों का सम्मान करना चाहिए और उसे जीवन भर साहित्य में बढ़ावा देना चाहिए। असहमतियाँ किसी समाज के जीवंत और प्राणवान होने की परिचायक हैं। आज के विषमतामूलक समाज में विविध तरह की असहमतियों के स्वर उभर रहे हैं और साहित्य उन्हें उचित स्थान दे रहा है।

प्रतिरोध और साहित्य—यूँ तो साहित्य में स्वभावतः प्रतिवाद, धर्मिता

एवं साथ ही मानवीय पक्षधरता होती है और वह सत्ता की अतिक्रामकता के बरअक्स एक तरह के नैतिक प्रतिपक्ष के रूप में खड़ा होता है, लेकिन भारतीय लोकतंत्र के क्रमशः परिपक्व होने के साथ-साथ समाज में जैसे-जैसे वर्चस्व की शक्तियों को नई सामाजिक शक्तियों की ओर से चुनौती मिलती दिखाई देती है, उसका प्रतिफलन साहित्य और कलाओं में भी प्रकट होने लगा है। दलितों, स्त्रियों और आदिवासियों की सदियों से दबी-कुचली आवाजें धीरे-धीरे मुखर हो रही हैं। ये आवाजें अमानवीयकरण की दबंग ताकतों के सामने अत्यंत उदग्र ढंग से अपनी मौजूदगी जाहिर कर रही हैं और न केवल हमारे लोकतंत्र में ज्यादा स्पेस की माँग कर रही हैं, बल्कि साहित्य में भी ठोस तरीके से प्रतिवाद के नए स्पेस को गढ़ने में जुट पड़ी हैं। क्या ये साहित्य के अंदरूनी वर्चस्ववाद के सामने सचमुच चुनौती खड़ी करती हैं? क्या वे प्रचलित सौंदर्यबोध में सचमुच कोई विक्षेप उत्पन्न करती हैं? अथवा वे अस्मिता की राजनीति का उत्पाद-मात्र हैं? या फिर किसी और तरीके से प्रतिरोध की इन नई आवाजों को सुना-समझा जा सकता है?

साहित्य और कलाओं की आत्मनिर्भरता—दरअसल जब मैंने पहली बार यह विषय देखा तो मुझे लगा कि यह साहित्य और कलाओं की परस्पर निर्भरता की बात होगी, लेकिन साहित्य और कलाओं की आत्मनिर्भरता जगजाहिर है। साहित्य और कला की आत्मनिर्भरता के लिए परस्पर आत्मीय संबंधों की दरकार तो स्वीकारी जा सकती है। साहित्य और कला के किसी भी माध्यम का मूल अभीष्ट संप्रेषणीयता के आग्रह से जुड़ा है। साहित्य में, विशेषकर कविता की कोई भी सांगीतिक प्रस्तुति परस्पर निर्भरता के पद की अनिवार्यता से संबद्ध नहीं है। इनके योग से बनी एक नवीन प्रस्तुति भी एक नई रचना की तरह सामने आएगी, अपने मूल की अभिरक्षा के प्रति सचेत रहते हुए। परस्पर संबद्धता के बावजूद दोनों माध्यम अपनी आत्मा नवीन रचना प्रस्तुति के आलोक में गुम नहीं होने देंगे। साहित्य में मनुष्य मन संप्रेषण की इच्छा और कलाभिव्यक्ति की कसक सामूहिकता के विश्वास-दर्शन में जनमी होती है तो उसमें अपरिमेयता और अपूर्वानुमेयता सहज स्वीकृत हो जाती है। साहित्य में विचार-मंथन की एक प्रक्रिया होती है, जो अन्य माध्यम, जैसे चित्रकला में कलानुभव विचार

से किंचित पृथक् संप्रेषणीयता के आनंद आग्रह की इच्छा पोषित करती है।

एक कविता का सांगीतिक रूपांतरण का अभाव भी कविता की अस्मिता को नष्ट करता है। उसका एक स्वतंत्र अस्तित्व बना रहता है और कई बार संगीत भी साहित्य की अनुपस्थिति के कारण विवश नहीं होता है। वह अपनी निर्भरता शब्दों की लय के बगैर भी कायम रखता है। निराला की 'वीणा वादिनी वर दे' कविता अपने आपमें एक स्वतंत्र सत्ता रखती है और संगीत से जुड़कर ज्यादा मोहक और कर्णप्रिय लगती है। साहित्य की आत्मनिर्भरता उसकी अपनी शब्द-सत्ता में स्वतंत्र और आत्मनिर्भर है तो कला के दूसरे माध्यम भी एक स्वायत्त सत्ता की भाँति अपने अस्तित्व के प्रति आश्वस्त हैं। शास्त्रीय संगीत न समझनेवाले भी उसका आनंद उठाते हैं और अमूर्त चित्रकला का भी एक बड़ा प्रशंसक वर्ग है, जो कला का गहरा जानकार नहीं है। दरअसल दोनों माध्यमों के अनुशासन भिन्न हैं, इसलिए उनकी आत्मनिर्भरता की स्वायत्तता भी सुरक्षित रहती है। साहित्य और कला; दोनों ज्ञान और अनुभवों के एक प्रकार हैं। इसलिए प्रत्येक माध्यम का 'ऐस्थेटिक एक्सपीरियंस' अपने आपमें मूल्यवान होते हुए भी भिन्न है। साहित्य के लिए दर्शन के करीब जाने या रहने के अवसर ज्यादा और सुलभ रहते हैं, कला-माध्यमों के लिए यह रास्ता जटिल है। इसलिए साहित्य और कला-माध्यमों की आत्मनिर्भरता को उनके स्वतंत्र अस्तित्व में ही देखना-परखना होगा।

साहित्य में लोकप्रियता की खोज—साहित्य की सफलता उसके लोकप्रिय होने में है, लेकिन जो लोकप्रिय है, उसका श्रेष्ठ होना आवश्यक नहीं है। एक तरफ कबीर, तुलसी, मीरा का साहित्य लोकप्रिय भी है और श्रेष्ठ भी, पर गुलशन नंदा का साहित्य लोकप्रिय होते हुए भी श्रेष्ठ नहीं है। आज का साहित्य मुद्रित साहित्य है। बहुत सारे लोगों तक इसकी पहुँच आज सुलभ नहीं है। ऐसे में संगीत और फिल्मों की अपेक्षा आज साहित्य बहुत कम लोकप्रिय है। मीडिया प्राय: जिस साहित्य को आज बढ़ावा दे रहा है, वह मीडिया का साहित्य है। ऐसे में यह आवश्यक है कि श्रेष्ठ साहित्य को लोकप्रिय बनाने के प्रयास किए जाएँ। मीडिया के सार्थक उपयोग से इसे संभव बनाया जा सकता है।

साहित्य में लोकप्रियता की खोज एक ऐसा अबूझ पद है, जिसमें एक

ऐसी विभाजन रेखा है, जिस रेखा पर खड़े होकर दोनों पक्ष के लेखकों को अपने तर्क की फेंसिंग करने की सुविधा है। गुलशन नंदा से लेकर चेतन भगत तक लोकप्रिय साहित्य की सृजन गति हमेशा से साहित्यिक स्वीकृति के लिए विनय से लेकर आक्रोश की भंगिमाओं तक व्याकुल है। साहित्य में अघोषित रूप से लोकप्रिय साहित्य को हेय-दृष्टि का सामना ही नहीं, तिरस्कार के अनुभव से भी आहत होना पड़ा है। अतिनाटकीयता, फिल्मों के लिए उत्सुक और आतुर इच्छा ने लोकप्रिय साहित्य के लिए गंभीर रचना कर्म में दाखिले के लिए बाधा खड़ी की है। गुलशन नंदा, चेतन भगत, रानू, राजवंश और नीरज आदि अनेक नाम हैं, जो लोकप्रिय लेखकों के समूह में डाल दिए गए और यहीं से एक किस्म की घृणा और परहेज का सिलसिला शुरू हुआ।

साहित्य का ध्येय और सार्थकता उसकी रचना में संवेदन विस्तार की ईमानदार इच्छा में समाहित होता है। लोकप्रिय साहित्य में अतिनाटकीयता, कृत्रिम और अविश्वसनीय यथार्थ के आग्रह और बाजारू इच्छा ने इस विभाजन रेखा को ज्यादा गाढ़ा और प्रमाणीकरण के लिए विश्वसनीयता प्रदान की।

इन तमाम बातों के बावजूद गंभीर और प्रतिबद्ध साहित्य भी आमजन में लोकप्रिय हुआ है। धर्मवीर भारती का 'गुनाहों का देवता', रेणु की 'तीसरी कसम', 'राग दरबारी' और हरिशंकर परसाई, मनोहर श्याम जोशी तथा शरद जोशी ने लोकप्रियता के रूढ़ अर्थों को ध्वस्त करते हुए सार्थक और लोकप्रिय रचनात्मकता में गंभीर भागीदारी की। चूँकि ये रचनाएँ सार्वकालिक और सघन मानवीय मार्मिकता से लिखी गई थीं, तो सहज ही लोकप्रिय भी हो गईं। इनमें दायित्व-बोध के साथ संवेदन की निरंतर उपस्थिति ने रचना को प्राणवान बनाया। लोकप्रिय साहित्य की तरह एक किस्म का रचनाभ्यास नहीं है, जो 'प्लाट' आधारित होता है। ठेठ साहित्यिक लेखन ने भी भाषा और भिन्न शिल्प के आधार पर उसे लोकप्रियता के कथित कलंक से बचाकर गंभीर और सामान्य पाठक के बीच पठनीय बनाया। ऐसे गंभीर साहित्य ने अपनी सार्थक अभिव्यक्ति और प्रतिबद्धता के चलते समय के साथ मनुष्य की चेतना को प्रभावित ही नहीं किया, बल्कि बदलाव में अहम भूमिका निभाई।

साहित्य की बीसवीं सदी—साहित्य की बीसवीं सदी बहुत उथल-

पुथल भरी रही है। साहित्य के तमाम आंदोलन, आग्रह और पूर्वग्रह इस सदी में शामिल हैं। आधुनिक साहित्य का महत्त्वपूर्ण रचनाकर्म इसी सदी की देन है। साहित्य की बीसवीं सदी अपनी पिछली सदी का अगला, सार्थक और सफल कदम था। बीसवीं सदी का साहित्य तमाम आंदोलनों के साथ जनोन्मुखी हुआ। आम आदमी के सुख-दुःख और शोषण को वाणी मिली। सामाजिक सरोकारों का पद नए ढंग, तीव्रता और गहरे समर्पण के साथ आया। भाषा और शिल्प के स्तर पर अनेक और भिन्न प्रयोग हुए। नई कविता, अकविता, प्रयोगवादी कविता, छायावादी कविता, प्रगतिशील लेखक संघ का आंदोलन, समानांतर आंदोलन, अकहानी, संचेतन कहानी आदि अनेक उल्लेखनीय आंदोलन एवं विचारधारा का साहित्य इसी सदी के द्वंद्व और महत्त्वाकांक्षा की देन है। इसी सदी में जीवन का आनंद, रहस्यवाद, कमजोर व्यक्ति या किसान के दुःख एवं संघर्ष, सृजन उल्लास, अभाव का उत्सव और प्रकृति की जीवंत उपस्थिति को एक सार्थक रचनात्मक रूपांतरण हासिल हुआ। इसी सदी में रचना और इतिहास बोध की परस्पर संबद्धता की अनिवार्यता प्रकट हुई। हाशिए पर पड़े समाज के प्रति आस्था का जन्म हुआ। सामाजिक संबंधों में ऊब, लगाव और निस्पृहता को एक करुण नियति बिंदु पर विश्राम दिया, जिसने साहित्य को आत्मोन्मुख और जनोन्मुख दायित्व बोध सौंपा।

रचना और रचनात्मकता को दशकों में बाँटने की अचरज भरी शुरुआत भी इस समय संभव हुई। लोकजीवन का यथार्थ और सौंदर्यबोध की सूक्ष्मता को भी इसी सदी ने संभव किया। इस बात को स्पष्ट आकार भी मिला कि स्कूली समाजशास्त्रीय रचनाएँ या सामान्य मनोविश्लेषण की चतुराई भरी रचनात्मकता संदिग्ध भी है और अस्वीकार भी है। मैं लेखकों की सूची प्रस्तुत करना अनावश्यक समझता हूँ, क्योंकि बीसवीं सदी के लेखन और लेखकों से सामान्य पाठक का परिचय है।

बीसवीं सदी के अनुभवों की जड़ें अपने समय और समाज में गहरे तक उतरी हैं। निम्नवर्ग या कमजोर वर्ग के प्रति उसकी सहानुभूति दूर खड़े द्रष्टा की नहीं, गहरे अनुभव से जुड़े पक्षधर की है। महत्त्वपूर्ण एवं अनिवार्य उपस्थिति कवि मुक्तिबोध को ही उदाहरण के केंद्र में रखें तो मुक्तिबोध का आत्मसंघर्ष

तथा समाज के आंतरिक और बाह्य संघर्ष के प्रति तीव्र एवं मार्मिक उन्मुखता को उस समय के तनाव के साहचर्य में देखना पाठकीय अनिवार्य विवशता है।

इसी सदी की विदा बेला में ही बाजार की हिंसक एवं विस्फोटक प्रगति ने एक दारुण दुःख और भिन्न संकट में खड़ा कर दिया तो दूसरी ओर सांप्रदायिकता तथा सामाजिक रूढ़िवाद भी राजनीतिक और धार्मिक रूप में आक्रांत करने लगा है। उपभोक्ता बाजार का निर्मम आक्रमण और जीवन अभाव के दुःख में लिथड़े संघर्ष में हतप्रभ एक बड़ा और कमजोर वर्ग अपने अतीत में जीवन मूल्यों की रक्षा और बहुराष्ट्रीय कंपनियों के उलझाव और द्वंद्व को समझने के लिए, अभिव्यक्त करने के लिए अपनी विवशता से उबरने की कोशश में है।

साहित्य और सिनेमा—साहित्य और सिनेमा दो स्वतंत्र कला-विधाएँ हैं। साहित्य सुदीर्घ परंपरा के रूप में सदियों की यात्रा के साथ विकसित हुआ है, जबकि सिनेमा एक नवजात कला-माध्यम है, जिसका इतिहास प्रायः एक शताब्दी का है, लेकिन सिनेमा एक कंपोजिट विधा है, जिसकी निर्मिति में अभिनय, संगीत, चित्रकला सहित साहित्य का भी योगदान है। साहित्य श्रव्य या पाठ्य विधा है, लेकिन तकनीक पर आधारित होने के कारण सिनेमा की सहज दृश्यता में मनुष्य का जीवन सर्वाधिक मूर्त रूप में प्रकट होता है। यही उसकी ताकत है, जिसके चलते उसे अपार लोकप्रियता हासिल हुई।

अपने मूल प्रारूप में सिनेमा भी आख्यान रचता है। डॉक्यूमेंट्री सिनेमा भी अंततः आख्यान निर्मित करता है। इसी बिंदु पर वह साहित्य से अपना अपजीव्य अर्जित करता है। पटकथा भी आखिर साहित्य ही है। विश्व सिनेमा पर गौर करें तो उत्कृष्ट साहित्यिक कृतियों पर आधारित फिल्में बनी हैं। भारतीय सिनेमा में भी अनेक श्रेष्ठ रचनाएँ फिल्म में रूपांतरित हुई हैं। इस दृष्टि से साहित्य पर सिनेमा की निर्भरता बहुत हद तक श्रेयस्कर और स्वाभाविक है।

छत्तीसगढ़ का लोक साहित्य—छत्तीसगढ़ का लोक साहित्य अत्यंत समृद्ध है। यह छत्तीसगढ़ी के अलावा सरगुजिहा, हल्बी, दोरली, भतरी, गोंडी, सदरी, कोरवा आदि अनेक बोलियों में मौजूद है। लोकवार्त्ता दरअसल लोक के सामुदायिक जीवन की जीवंत अभिव्यक्ति है। लोक इसके भीतर साँस लेता

है, लेकिन आधुनिक विकास के विजय-रथ के अग्रसर होने के साथ लोक की सामुदायिकता क्रमशः क्षतिग्रस्त हो रही हैं। इसके साथ लोकस्मृति का क्षरण होने के फलस्वरूप लोक साहित्य विस्मृति में डूब रहा है। इसके बावजूद छत्तीसगढ़ का लोकजीवन अपनी समूची सामुदायिक स्मृति के साथ प्रायः अक्षुण्ण-अक्षत और जीवंत रूप में मौजूद है। उसकी विविधता, विदग्धता और समृद्धि को रेखांकित किया जाना चाहिए।

सत्ता, साहित्य और संस्कृति—सत्ता और साहित्य में संबंध क्या है? साहित्य और संस्कृति सत्ता के हस्तक्षेप से कैसे बचे हैं, यह बहस पुरानी है। सरकार द्वारा किए जानेवाले आयोजनों को लेकर साहित्यकारों की जवाबदारी और भागीदारी क्या होनी चाहिए, क्या उन्हें इस तरह के आयोजनों से दूर रहना चाहिए? जब हम साहित्य, संस्कृति और सत्ता की बात करते हैं, तो हमें यह नहीं भूलना चाहिए कि आज के दौर में सत्ता का मतलब केवल राजनीतिक सत्ता से नहीं है। अर्थनीति सत्ता बनकर संस्कृति के क्षेत्र में भी हस्तक्षेप कर रही है। राजनीतिक सत्ता को पूँजी की सत्ता ने गुलाम बनाकर रखा है। पूँजी, बाजार और टेक्नोलॉजी, ये तीनों मिलकर सत्ता और संस्कृति को प्रभावित कर रहे हैं।

बस्तर की बोलियाँ और साहित्य—यद्यपि वनांचल बस्तर एक पिछड़े क्षेत्र के रूप में जाना जाता है, लेकिन देश की जैव-सांस्कृतिक विविधता का एक बड़ा हिस्सा यहाँ विद्यमान है। इसकी सांस्कृतिक समृद्धि अपूर्व है। इस अंचल की बोलियों यथा हल्बी, भतरी, गोंडी एवं दोरली आदि में जन-समाज की आशा-आकांक्षा और उसकी सृजनात्मकता विस्तृत रूप से प्रकट हुई है। उनके भीतर प्रगाढ़ जीवन-द्रव्य मौजूद है, जो अपनी निश्छलता और खरेपन की दृष्टि से अपूर्व है। इन बोलियों में वाचिक साहित्य की अत्यंत समृद्ध परंपरा के साथ, आधुनिकता के साथ, लोक के टकराव से उत्पन्न अनुभव से परिपूर्ण लिखित साहित्य भी क्रमशः विकसित हो रहा है। बस्तर की बोलियों और उनके साहित्य की छद्‌महीन और अकृत्रिम अभिव्यक्तियाँ आज के औपचारिक ललित साहित्य के अध्येताओं को भी अचरज में डाल सकती हैं। इस सत्र में बोलियों की समृद्धि को रेखांकित करने के साथ कुछ ज्वलंत प्रश्नों पर भी चर्चा होगी।

□

कला, साहित्य, संस्कृति और पुरखों के स्मरण का महापर्व

इस 'साहित्य महोत्सव' में—हमारे समय के बहुत से पुराने और नए कवि 'साहित्य महोत्सव' में काव्य पाठ और होनेवाले विमर्श में भाग लेने आ रहे हैं। 'साहित्य महोत्सव' में पहले दिन होनेवाले काव्य विमर्श में हम तीन महत्त्वपूर्ण कवि केदारनाथ सिंह, विनोद कुमार शुक्ल और नरेश सक्सेना को सुनेंगे और इस काव्य पाठ के सूत्रधार चर्चित युवा कवि एकांत श्रीवास्तव होंगे। विनोद कुमार शुक्ल और एकांत श्रीवास्तव छत्तीसगढ़ के हैं। दूसरे दिन होनेवाले काव्य पाठ में अशोक वाजपेयी कविता पढ़ेंगे और अपूर्व आनंद सूत्रधार होंगे। तीसरे दिन के काव्य पाठ में लीलाधर मंडलोई और प्रयाग शुक्ल कविता पढ़ेंगे और जयप्रकाश सूत्रधार होंगे। इसके अलावा इस साहित्य सम्मेलन में जो महत्त्वपूर्ण कवि भाग लेंगे, उनमें राजेश जोशी, मंगलेश डबराल, अशोक चक्रधर, विश्वरंजन, प्रभात त्रिपाठी, संजीव बख्शी, उदयन वाजपेयी, सुधीर सक्सेना, गीताश्री, जीवन यदु जैसे महत्त्वपूर्ण कवि होंगे।

सत्ता, साहित्य और संस्कृति—रायपुर में आयोजित होने जा रहे 'रायपुर साहित्य महोत्सव-14' को लेकर सोशल मीडिया पर भी इस बात को लेकर काफी कुछ लिखा जा रहा है। महोत्सव के पहले दिन सत्ता, साहित्य और संस्कृति पर विमर्श होगा। इस विमर्श में आनंदवर्धन शर्मा, अशोक शाह, विश्वरंजन, बी.के. दूसरे और सुशील त्रिवेदी भाग लेंगे। इनमें से अधिकांश सत्ता के शीर्ष पर रहे हैं और भलीभाँति जानते हैं कि सत्ता किस तरह से काम

करती है और संस्कृति इसके एजेंडे में कहाँ है।

कुछ लोग इस आयोजन के पीछे सरकार का गुप्त एजेंडा खोज रहे हैं, तो कुछ लोगों को लगता है, राज्य में नसबंदी से हुई मृत्यु से उपजे आक्रोश और प्रचार को कम करने की गरज से यह आयोजन किया जा रहा है। किसी को पैसे की बरबादी तो किसी को अपनी स्थानीय अस्मिता खतरे में दिख रही है, किसी को नहीं बुलाए जाने की पीड़ा है। आयोजक इन सब बातों से बिना विचलित हुए पिछले 4 महीने से आयोजन की सफलता के लिए श्रम के साथ जुटे हैं। वरिष्ठ साहित्यकार प्रभाकर चौबे कहते हैं, "सवाल यह भी है कि क्या सरकार को अपने नियंत्रण में, अपना कोई साहित्यिक आयोजन करना चाहिए, नहीं करना चाहिए। सरकारी आयोजन में बोलने पर एक अदृश्य पहरा तो होता ही है।" वे कहते हैं, "सरकार अपनी आलोचना बरदाश्त नहीं करती, अब तो आलोचना के लिए भी स्पेस नहीं छोड़ा जा रहा है, बड़ा ही भयावह समय है, सांस्कृतिक आतंकवाद का काल चल रहा है। साहित्यिक-सांस्कृतिक आयोजन स्वायत्त संस्थाओं, सांस्कृतिक, साहित्यिक संस्थाओं के जिम्मे ही रहने दिया जाए, सरकार केवल मददगार की तरह काम करे।"

स्मृतियों के बहाने पूर्वजों का स्मरण—मनुष्य स्मृतियों में जीता है। उसका बीता हुआ प्रत्येक क्षण स्मृति है। स्मृतियाँ सुखद, दुःखद कैसी भी हो सकती हैं। हम अपना अधिकांश लेखन स्मृतियों के सहारे करते हैं। बहुत सारे लोग अपने जीवन का बड़ा भाग स्मृतियों के सहारे काट लेते हैं। 'रायपुर साहित्य महोत्सव-2014' में स्मृतियों में एकाग्र, अतीत के पन्ने, हबीब तनवीर का लोक रंग, अँधेरे में की अर्धशती के बहाने मुक्तिबोध को याद किया जा रहा है।

यह 'स्मृतियों पर एकाग्र' छत्तीसगढ़ के उन दिवंगत साहित्यकारों को याद करने का अवसर है, जिन्होंने यहाँ की कला, साहित्य और संस्कारों को न केवल समृद्ध किया, बल्कि नई पीढ़ी के लिए एक दायित्व और ऐसी विरासत छोड़ी, जो 'अँधेरे में' हमें रास्ता दिखा रही है। हमारे पुरखे साहित्यकारों ने घर की चारदीवारी में बैठकर लेखन नहीं किया, बल्कि सामाजिक बदलाव और

देश की स्वतंत्रता के आंदोलन में बढ़-चढ़कर हिस्सा भी लिया। उनकी सामाजिक आंदोलनकारी की भूमिका रही। उन्होंने लोकशिक्षण पर भी कार्य किया।

'स्मृति पर एकाग्र' पर जब बात की जाएगी तो हमें छायावाद के प्रवर्तक मुकुटधर पांडे, लोचनप्रसाद पांडे से लेकर 'छत्तीसगढ़ मित्र' पत्रिका के संपादक माधवराव सप्रे की 'एक टोकरी मिट्टी' कहानी से लेकर हबीब तनवीर के 'चरणदास चोर' तक की बात करनी होगी। हमारी स्मृतियों में हमारे जो पुरखे हैं, उनमें पं. सुंदरलाल शर्मा, श्री पदुमलाल पुन्नालाल बख्शी, माधवराव सप्रे, बाबू मौलीप्रसाद श्रीवास्तव, ठाकुर जगमोहन सिंह, हरि ठाकुर, रामदयाल तिवारी, द्वारिका प्रसाद तिवारी (विप्र), हीरालाल, गुलशेर अहमद शानी, श्रीकांत वर्मा, कुंज बिहारी चौबे, रामचंद देशमुख, चंदूलाल चौटिया, रमेश याज्ञिक, सतीश चौबे, पूरन हार्डी, दामोदर सदन, लाला जगदलपुरी, नारायण लाल परमार, मुकीम भारती जैसे बहुत से नाम याद आएँगे। कुछ स्मृति में हैं, कुछ हैं, जो धीरे-धीरे स्मृतियों के स्याह अँधेरे से बाहर आएँगे।

छत्तीसगढ़ का रंगकर्म—'रायपुर साहित्य महोत्सव-14' में छत्तीसगढ़ के रंगकर्म को लेकर लगातार अलग-अलग विषयों के माध्यम से तीनों दिन चर्चा होगी। रंगमंच की चुनौतियाँ, हबीब तनवीर का रंगलोक, रंगमंच के सितारों से बातचीत, छत्तीसगढ़ का रंगमंच, छत्तीसगढ़ का नया परिवेश, सहूलियत और चुनौतियाँ, छत्तीसगढ़ का लोकसंगीत और छत्तीसगढ़ की लोककला, इन सब पर जब हम बात करेंगे तो कहीं-न-कहीं पूरी बातचीत में हबीब तनवीर, सत्यदेव दुबे, रामचंद्र देशमुख, दाऊ मंदराजी, ठाकुर राम, मदनलाल, फीदा बाई, रामचंद्र निर्मलकर, झाड़ू राम देवांगन, तीजन बाई, लालू राम भुलवाराम, चैतराम, प्रेम साईमन आदि के नाम प्रमुखता से शामिल होंगे। छत्तीसगढ़ अपने राज्य बनने की स्थापना के पहले भी कला, साहित्य, संस्कृति में उपस्थित था। छत्तीसगढ़ की लोककलाओं, संगीत और यहाँ के लोककलाकारों को उनकी प्रतिभा और हबीब तनवीर के बहाने अंतरराष्ट्रीय पहचान मिली। उन्होंने अपनी नैसर्गिक कला से पूरी दुनिया में अपने अभिनय की छाप छोड़ी। 'साहित्य महोत्सव' में चर्चा के लिए नादिरा बब्बर को आमंत्रित किया गया है। 'इप्टा' के संस्थापक सज्जाद जहीर की बेटी नादिरा

बब्बर को पिछले साल 'इप्टा' के 17वें मुक्तिबोध नाट्य समारोह में 'स्वर्गीय कुमुद देवरस सम्मान' से सम्मानित किया गया।

सारी साहित्यिक विधाओं, प्रदर्शनकारी कलाओं में सबसे कठिन कार्य है रंगकर्म। रंगकर्म के लिए सामूहिकता, अनुशासन, बेहतर अभिनय, अच्छा संगीत, अच्छा कथानक और अच्छा प्रस्तुतीकरण अनिवार्य माँग है। बाकी कलाओं में हम अकेले या एक-दो साथी मिलकर प्रस्तुति कर सकते हैं, किंतु नाटक में मुक्ति और प्रतिष्ठा सबके साथ है।

संगीत के बाद नाटक ही एक ऐसी विधा है, जो मानव सभ्यता से ही मानव जीवन से अभिव्यक्त हुई है। लोकजीवन में किसी-न-किसी रूप में नाटक हमेशा से उपस्थित रहा है। चाहे छत्तीसगढ़ का नाचा हो या गम्मत या फिर राजस्थान का देशी नाच, उत्तर-प्रदेश की लोकमंडली हो या लोकनृत्य, सभी में नाटक के तत्त्व मौजूद हैं। अभिनय नाटक का मुख्य अंग है। इसके अलावा नाटक के संवाद, संगीत, भाषा, प्रभाव भी महत्त्वपूर्ण हैं, किंतु इन सबसे अधिक महत्त्वपूर्ण है—नाटक की स्क्रिप्ट। नाटक खेलने और देखने के साथ ही पढ़ने की चीज भी होती है। कविता-कहानी की ही तरह नाटक को भी पढ़ने में आनंद आता है, बशर्ते की उसकी भाषा सहज, सरल, देशज हो।

नाट्यशास्त्र के रचयिता आचार्य भरत मुनि कहते हैं, "ऐसा कोई योग और कर्म नहीं, जो नाट्य में समाविष्ट न हो, नाट्यशास्त्र की परंपरा रस को केंद्र में रखकर विकसित हुई है। नाटक का लक्ष्य रसास्वाद है।" भरत मुनि ने ग्यारह तत्त्वों का नाट्य संग्रह बतलाया है, जिनमें रस, भाव, अभिनय, धर्म, वृत्ति, प्रवृत्ति, सिद्धि, स्वर, वाद्य, गान और रंग यानी नाट्यशाला शामिल हैं।

छत्तीसगढ़ का नया परिवेश : सहूलियत और चुनौती—अपने भरपूर प्राकृतिक और मानव संसाधनों के बावजूद बाकी मध्य प्रदेश से विकास में पिछड़े छत्तीसगढ़ भू-भाग का निर्माण विकास के नाम पर 1 नवंबर, 2000 को हुआ। दोनों राज्यों में शासकीय परिसंपत्ति और साधनों का बँटवारा 26:35 प्रतिशत के अनुपात में हुआ। छत्तीसगढ़ राज्य के रूप में बाद में बना, पहले कला और संस्कृति के रूप में पूरी दुनिया में अपनी समृद्ध कला-संस्कृति, अपने लोककला के कारण विश्वव्यापी पहचान थी। हबीब तनवीर जैसे

लोगों ने अपने नाटकों के जरिए इसे और आगे बढ़ाया। नए राज्य के पास बहुत से संसाधनों के साथ ही नक्सलवाद जैसी चुनौती भी थी। छत्तीसगढ़ को बने 14 वर्ष होने जा रहे हैं, किंतु अभी भी यहाँ कला, संस्कृति के लिए वे सुविधाएँ नहीं हैं, जो नए राज्य की प्राथमिकता में होनी चाहिए।

बचपन, टी.वी., सिनेमा और किताब—बचपन अब उतना सहज और कोमल नहीं रहा, जो पहले कभी हुआ करता था। टी.वी., सिनेमा, मनोरंजन के अन्य साधनों के साथ बाजार ने बच्चों का खान-पान, रुचि और मानसिकता को तेजी से बदला। जो स्वाद और स्मृतियाँ हमारे जीवन में रची-बसी थीं, वे अब हमारे बच्चों के पास नहीं हैं। वे गढ़े हुए नकली स्वाद पर खुश हो रहे हैं। बाजार उन्हें आलू की चिप्स को 'अंकल-चिप्स' के नाम से बेचकर अपना मुनाफा कमा रहा है। मध्यवर्ग के माता-पिता के जेहन में अब बच्चों से नैतिकता को लेकर कोई आग्रह नहीं है। उन्हें अच्छा नहीं, 'टैलेंटेड' बच्चा चाहिए। पुस्तकें कॅरियर की पहुँच के लिए हैं। पुस्तकें ज्ञान के लिए नहीं हैं। पुस्तकें नहीं हैं तो बच्चों के पास कल्पना नहीं है। आज का बच्चा अपनी किशोर अवस्था में ही वयस्क हो जाता है।

भारतीय भाषाएँ और भारतीयता—इस विषय में यह स्पष्ट नहीं है कि भारतीय भाषाओं का किस संदर्भ में उल्लेख किया गया! यदि यह उल्लेख साहित्य को लेकर है तो कोई उलझन नहीं है, लेकिन जनमानस में उपयोगिता को भारतीयता से संबद्ध किया गया है तो यह एक कठिन और राजनीतिक आकांक्षाओं के राजनीतिक द्वंद्व तक अपनी लकीर खींचती है। भारतीय-भारतीयता से संबंध को लेकर किसी तरह का कोई संशय नहीं होना चाहिए। भारतीय इतिहास के साथ एक दुःखद पहलू यह भी है कि भारतीय संस्कृति के मूल को क्षतिग्रस्त करने की अवसरवादी राजनीति ने भाषा को ढाल की तरह नहीं, अस्त्र के रूप में इस्तेमाल किया।

किंचित् हताश कर देनेवाली यह बात भी है कि अधिकांश भारतीय भाषाओं के साहित्य या जीवन मूल्यों की अपेक्षा उसे गैर-जरूरी क्षेत्रीयता से बाहर नहीं आने दिया। भाषाओं के प्रति आदर नहीं, अनावश्यक जिद है, जो जनसाधारण के लिए प्रेरणाप्रद लगता है। मूल्यमूढ़ता या थोड़े भिन्न आग्रह में

कहें तो मूल्य विपर्यय का रोग इसी का है। विश्व की कोई भी भाषा औसत मनुष्य के विवश आग्रह में अपना आकार विस्तार नहीं कर पाई है। दरअसल कोई भी भाषा अपनी राष्ट्रीय पहचान के लिए औसत मनुष्य की अपनी सार्थक छवि की अनुमति देती है। कोई भी भारतीय भाषा अपने विस्तार की नहीं है। यह एक सुखद स्थिति है, जो अभी कायम है। राजनीतिक जिद और स्वार्थ को छोड़ दिया जाए तो भाषा अपनी संरचना एवं संप्रेषणीयता से अपने उदात्त सृजन का मूल होकर अकेली और एकांत के निर्माण में जुट जाती है।

इन दिनों जब बाजार समय में हिंदी पर ही गहरा संकट है तो अन्य भारतीय भाषाएँ धीरे-धीरे क्षेत्र विशेष में विशिष्ट होने के अबोध विश्वास से भरी हैं। स्कूल में स्थिति यह बन गई है कि कोई भी हिंदी विषय लेकर पढ़ना नहीं चाहता है। बच्चे प्रबंधन या इकोनॉमिक्स को प्राथमिकता में रखते हैं। वह भी अंग्रेजी की अनिवार्यता में है। बदलाव बाजार के लोभ और व्यक्ति की जरूरत ने तय किया है। ऐसी अनिवार्यता के दखल से विद्यार्थी को भविष्य की सुरक्षा की चिंता और वर्तमान के बाजारू लोभ ने किसी द्वंद्व में नहीं रखा, बल्कि उसके सामने इस लोभ के लिए अंग्रेजी के चयन की दुविधा कतई नहीं है। ऐसे कठिन समय में भाषाओं का भविष्य बाजार की भाषायी हत्याभिलाषी दोधारी तलवार के नीचे आ गया है, लेकिन यह भाषा के अस्तित्त्व का संकट है, फिर भी किसी भी भारतीय भाषा में भारतीयता का संकट प्रकट रूप में नहीं है, क्योंकि भारतीयता जनमानस की देश के लिए प्रतिबद्धता और संवेदना से जुड़ी आस्था का प्रतीक है।

उपन्यास और नया जीवन यथार्थ—उपन्यास एक आधुनिक कथा-विधा है। मध्यवर्ग के उभार के साथ औद्योगिक समाज की संगति में उसका विकास हुआ है। यूँ कहें कि औद्योगिक समाज का यथार्थ ही उपन्यास का उपजीव्य है, लेकिन इधर बीते कुछ दशकों के दौरान इस यथार्थ के गुणधर्म और चरित्र में अकल्पनीय तीव्रता के साथ परिवर्तन हुए हैं और एक नई तरह का समाज देखते-ही-देखते उभर आया है। यह उत्तर-औद्योगिक समाज है, जहाँ आधुनिक समय की मूल्य-संरचनाएँ ध्वस्त हो रही हैं। नई मूल्य प्रणाली के साथ एक नया यथार्थ अस्तित्व में आ चुका है, मगर आधुनिकता और उसके

पूर्व की संरचनाएँ भी यत्र-तत्र अवशिष्ट रूप में मौजूद हैं। इन सबकी उपस्थिति में बने यथार्थ का एक समेकित स्वरूप आज उपन्यास के सामने मौजूद है।

साहित्य में लोकप्रियता की खोज—साहित्य की सफलता उसके लोकप्रिय होने में है, लेकिन जो लोकप्रिय है, उसका श्रेष्ठ होना आवश्यक नहीं है। एक तरफ कबीर, तुलसी, मीरा का साहित्य लोकप्रिय भी है और श्रेष्ठ भी, पर गुलशन नंदा का साहित्य लोकप्रिय होते हुए भी श्रेष्ठ नहीं है। आज का साहित्य मुद्रित साहित्य है। बहुत सारे लोगों तक इसकी पहुँच आज सुलभ नहीं है। ऐसे में संगीत और फिल्मों की अपेक्षा आज साहित्य बहुत कम लोकप्रिय है। मीडिया प्राय: जिस साहित्य को आज बढ़ावा दे रहा है, वह मीडिया का साहित्य है। ऐसे में यह आवश्यक है कि श्रेष्ठ साहित्य को लोकप्रिय बनाने के प्रयास किए जाएँ। मीडिया के सार्थक उपयोग से इसे संभव बनाया जा सकता है।

बदलते परिवेश में हिंदी कहानी—कहानी हिंदी की सर्वाधिक लोकप्रिय विधा है। मूलत: आधुनिक कहानी आधुनिक जीवन के प्रसंगों को और उनके भीतर छिपी विडंबनाओं को, मानवीय संवेदना की मर्मभरी उपस्थिति को उजागर करती है। वह ठोस जीवन-अनुभवों पर आधारित है, जो जीवन के अंतर्विरोधों के बीच से आकार लेते हैं। कहानी वस्तुत: अंतर्विरोधों और विडंबनाओं से भरे जीवन के अनुभव का मार्मिक संयोजन है। आधुनिक जीवन के ठोस धरातल पर खड़े होने के कारण वह पारंपरिक आख्यान से भिन्न है।

लेकिन आधुनिक जीवन में इधर पूँजी, प्रौद्योगिकी और बाजार के रचे प्रपंच के चलते यथार्थ का एक मायावी स्वरूप विकसित हो चला है। उसकी ऊपरी सतह मानवीय लगती है, लेकिन उस सतह के नीचे उस व्यवस्था का क्रूर चेहरा बेहद स्पष्ट नजर आता है। फलस्वरूप हिंदी कहानी तेजी के साथ बदल रही है। उसमें व्यापक स्तर पर न सिर्फ ढाँचागत तोड़फोड़ हुई है, बल्कि जीवन-यथार्थ के अधिग्रहण की पद्धति में भी आमूल-चूल बदलाव दिखाई दे रहा है।

'साहित्यिक महोत्सव' के विषयों को इस तरह से चयनित किया गया है कि हमारे समय के सभी महत्त्वपूर्ण सवाल इसमें आ जाएँ। विमर्श में

सहमति-असहमति को भी ध्यान में रखकर अलग-अलग सोच और विचारधारा के साहित्यकारों को बुलाया गया है, जो इस बात को बताता है कि आयोजन के पीछे एक सार्थक कोशिश है। यह कोशिश निश्चित ही छत्तीसगढ़ के साहित्यिक, सांस्कृतिक परिदृश्य में नए बदलाव और पुरानी विरासत को सँभालने की दिशा में महत्त्वपूर्ण साबित होगी। यह जो सिलसिला सरकार की ओर से प्रारंभ किया जा रहा है, इसमें धीरे-धीरे समाज को भी जोड़ना होगा। यदि शासन की प्राथमिकता बदलती है और इस तरह के आयोजन से पीछे हटता है तो ऐसे में 'जयपुर लिटरेरी फेस्टिवल' की तरह समाज के प्रबुद्ध लोगों को आगे आकर इसमें सहभागिता करनी होगी। साहित्य तभी पूर्णता पाता है, जब उसमें समाज की भागीदारी होती है।

□

स्मृतियों के बहाने पूर्वजों का स्मरण

मनुष्य स्मृतियों में जीता है। उसका बीता हुआ प्रत्येक क्षण स्मृति है। स्मृतियाँ सुखद, दुःखद कैसी भी हो सकती हैं। हम अपना अधिकांश लेखन स्मृतियों के सहारे करते हैं। बहुत सारे लोग अपने जीवन का बड़ा भाग स्मृतियों के सहारे काट लेते हैं।

'रायपुर साहित्य महोत्सव-2014' में स्मृतियों पर एकाग्र, अतीत के पन्ने, हबीब तनवीर का लोक रंग, अँधेरे में की अर्धशती के बहाने मुक्तिबोध को याद किया गया है। इसी तरह छत्तीसगढ़ का लोक साहित्य, बस्तर की बोलियाँ और साहित्य, छत्तीसगढ़ का रंगमंच, छत्तीसगढ़ का लोक संगीत, लोककलाएँ आदि विषयों के जरिए हमें हमारे स्मृतिलोक में ले जाने की ईमानदार कोशिश की गई है। इन्हीं कोशिशों के जरिए हम अपने पूर्वजों का स्मरण कर रहे हैं। सिर्फ वे ही पूर्वज नहीं, जिन्होंने विकास के जरिए शिक्षा और विकास के अंर्संबंधों पर बल दिया, बल्कि वे पूर्वज भी जो जंगलों में अपने संस्कृति-कवच के भीतर अपनी अस्मिता की अभिरक्षा में प्रतिज्ञाबद्ध थे। शहरी दखल और राजनीतिक हस्तक्षेप के पूर्व तक वे अपनी परंपरा और संस्कृतिक वैभव और संपन्नता में खुश थे।

उन्होंने न केवल संस्कृति को समृद्ध किया, बल्कि नई पीढ़ी के लिए ऐसी विरासत छोड़ी, जो 'अँधेरे में' हमें रास्ता दिखा रही है। हमारे पुरखे साहित्यकारों ने घर की चारदीवारी में बैठकर लेखन नहीं किया, बल्कि सामाजिक बदलाव और देश की स्वतंत्रता के आंदोलन में बढ़-चढ़कर हिस्सा भी लिया। उनकी सामाजिक आंदोलनकारी की भूमिका रही। उन्होंने लोक

शिक्षण पर भी कार्य किया।

'स्मृति पर एकाग्र' पर जब बात की जाएगी तो हमें छायावाद के प्रवर्तक मुकुटधर पांडे, लोचन प्रसाद पांडे से लेकर 'छत्तीसगढ़ मित्र' पत्रिका के संपादक माधवराव सप्रे की 'एक टोकरी मिट्टी' कहानी से लेकर हबीब तनवीर के 'चरणदास चोर' तक की बात करनी होगी। हमारी स्मृतियों में हमारे जो पुरखे हैं, उनमें प्रमुख नाम पं. सुंदरलाल शर्मा, श्री पदुमलाल पुन्नालाल बख्शी, माधवराव सप्रे, बाबू मौलीप्रसाद श्रीवास्तव, ठाकुर जगमोहन सिंह, हरि ठाकुर, रामदयाल तिवारी, द्वारिका प्रसाद तिवारी (विप्र), हीरालाल, गुलशेर अहमद शानी, श्रीकांत वर्मा, कुंज बिहारी चौबे, रामचंद देशमुख, चंदूलाल चौटिया, रमेश याज्ञिक, सतीश चौबे, पूरन हार्डी, दामोदर सदन, लाला जगदलपुरी, नारायण लाल परमार, मुकीम भारती जैसे बहुत से नाम याद आएँगे। कुछ स्मृति में हैं, कुछ की स्मृतियाँ धीरे-धीरे विलुप्त हो रही हैं। स्मृतियों को सँजोने के लिए इस तरह के आयोजन की अपनी उपयोगिता है। इस आयोजन के बहाने हम अपने अग्रज साहित्यिक पुरखों को याद कर रहे हैं, ताकि उनके प्रयास और श्रम हमें भटकाव में भ्रमित न होने दें।

पिछले दिनों संस्कृति विभाग द्वारा 6 से 14 सितंबर तक छत्तीसगढ़ के चुनिंदा साहित्यकारों पर एक महत्त्वपूर्ण आयोजन के जरिए उन्हें याद किया गया और उनकी पुस्तकों का राजकमल प्रकाशन के माध्यम से प्रकाशन भी किया गया। जिन लोगों के व्यक्तित्व और कृतित्व पर विस्तार से बातचीत हुई, उनमें ठाकुर जगमोहन सिंह, पं. सुंदरलाल शर्मा, पदुमलाल पुन्नालाल बख्शी, पं. मुकुटधर पांडे, बाबू मौली प्रसाद श्रीवास्तव, हरि ठाकुर शामिल थे। वाचिक परंपरा से चला आ रहा साहित्य, संस्कृति और परंपराओं का यह सिलसिला बहुत बाद में जाकर पुस्तकों में, फिल्मों में, चित्रों में कैद हुआ। पहले तो यह सिर्फ हमारी स्मृतियों में था। छत्तीसगढ़ी साहित्य, लोक संस्कृति, लोक नाट्य, व्यंजन, वेश-भूषा और छत्तीसगढ़ की जनजातियों के दस्तावेजीकरण के लिए संस्कृति विभाग ने हाल ही में दिल्ली की संस्था 'सहपीडिया' के साथ अनुबंध किया है। यह एक अच्छी पहल है स्मृतियों के साथ परंपराओं को बनाए रखने की।

'स्मृतियों पर एकाग्र' के बहाने हम जिन साहित्यकारों, रचनाधर्मियों को याद कर रहे हैं, उनमें देश की प्रतिष्ठित पत्रिका 'सरस्वती' का संपादन करनेवाले पदुमलाल पुन्नालाल बख्शी हैं, जिन्होंने सन् 1920 से लेकर सन् 1925 तक और फिर सन् 1927 से सन् 1929 तक इलाहाबाद में रहकर 'सरस्वती' पत्रिका का संपादन किया। बाद में उन्होंने सन् 1952 से लेकर सन् 1956 तक खैरागढ़ में रहकर पत्रिका का संपादन किया। 'झलमला' जैसी कालजयी कहानी के लेखक बख्शीजी को विशेष ख्याति निबंधकार के रूप में मिली।

छायावाद के प्रवर्तक के रूप में विख्यात पं. मुकुटधर पांडे ने 12 वर्ष की अल्पायु से ही लिखना प्रारंभ किया। वे प्रारंभ में भावनात्मक रुझान की कविताएँ लिखते रहे, बाद में उन्होंने छायावाद की नवीन शैली को साहित्य जगत् में परिभाषित और नामकरण करने का कार्य किया। उन्हें छायावाद का प्रवर्तक कवि माना जाता है।

'साहित्य वाचस्पति' के रूप में जाने जानेवाले पं. लोचनप्रसाद पांडे का पहला उपन्यास सन् 1906 में 'दो मित्र' के नाम से प्रकाशित हुआ। श्री पांडे उच्चकोटि के पुरातत्त्ववेत्ता थे। उन्होंने छत्तीसगढ़ की प्राचीन कला, साहित्य और संस्कृति के उत्थान के लिए 'महाकौशल हिस्टोरिकल सोसाइटी' की स्थापना की थी।

गजानन माधव मुक्तिबोध पूरे देश और दुनिया में प्रगतिशील कवि के रूप में अपनी विशिष्ट पहचान रखते हैं। उन्होंने नई कविता के जरिए साहित्य जगत् में जो अपनी पहचान बनाई है, वह उन्हें देश के श्रेष्ठतम कवियों में रखती है। मुक्तिबोध की लंबी कविता 'अँधेरे में' हमारे समय का ऐसा दस्तावेज है, जो लिखने के 50 साल बाद भी प्रासंगिक है।

हरि ठाकुर ने सन् 1970 में छत्तीसगढ़ राज्य आंदोलन को पुनर्जीवित किया। उन्होंने छत्तीसगढ़ राज्य, यहाँ की विभूतियों की जीवनगाथा को लेकर महत्त्वपूर्ण कार्य किए। वे एक साहित्यकार के साथ-साथ एक सक्रिय आंदोलनकारी के रूप में भी जाने जाते हैं।

बाबू मौली प्रसाद श्रीवास्तव ने माधव राव सप्रे के साथ मिलकर न

केवल संपादन कार्य किया, बल्कि उन्होंने मराठी की महत्त्वपूर्ण कृतियों का हिंदी में अनुवाद कर हमें उपलब्ध करवाया।

'स्मृतियों में एकाग्र' पर चर्चा करते हुए बहुत सारे नाम विस्मृत हो रहे हैं या उन्हें किन्हीं-किन्हीं कारणों से विस्मृत किया जा चुका है। जब कभी भी ईमानदारी और निष्पक्षता से छत्तीसगढ़ के साहित्य का पुनर्लेखन होगा तो बहुत से नाम, जो इस सूची में नहीं हैं, वे भी प्रमुखता से शामिल दिखेंगे।

दरअसल, हमारा इतिहासबोध और हमारी स्मृतियाँ ही हमारा आगे का साहित्यिक और सांस्कृतिक मार्ग तय करती हैं। मनुष्य का संसार स्मृतियों का संसार होता है, ये स्मृतियाँ हमें कुछ नया करने के लिए प्रेरित करती हैं और हमें उस समय-काल का भी स्मरण कराती हैं, जो संभवतः हमारे समय से भी कठिन समय था, बावजूद इसके हमारे पूर्वज साहित्यकारों ने विषम परिस्थिति में रहकर भी पूरी जीवटता के साथ वह साहित्य रचा, जो कालजयी है। सीमित संसाधन और संचार की नहीं के बराबर सुविधाओं के बीच आपसी संवाद, पत्राचार और यात्राओं के जरिए जो आत्मीय संबंध हमारे पूर्वज साहित्यकारों के बीच थे, वैसे संबंध हमारे live technology के बीच दिखाई नहीं पड़ते।

जब मैं अपनी स्मृतियों को खँगालता हूँ तो मुझे विभू कुमार दिखाई देते हैं, जो अपनी कहानी और नुक्कड़ नाटक तथा प्रतिरोध के नाटकों के साथ छत्तीसगढ़ का प्रतिनिधित्व पूरे देश में करते हैं। मुझे भगवान स्वरूप सरस दिखाई देते हैं, जो अपने नवगीतों के माध्यम से हमें हमारे समय की हकीकत से रू-ब-रू कराते हैं।

"दूध कटोरा तक्षक को, शैशव को सिसकी, सबका सब आकाश बाँधकर चीलें खिसकीं।

कब तक अपनी भूख नारों, झुनझुनों से बहलाएँ, छोटे-छोटे दरवाजे हैं, आदमकद इच्छाएँ।"

स्मृतियों के संसार में मुक्तिबोध और हबीब तनवीर हमेशा से स्थायी नागरिक हो चुके हैं। जब भी मन विचलित होता है, मुक्तिबोध 'अँधेरे में' रास्ता दिखाते हैं। हम 'इप्टा' के जरिए पिछले 18 सालों से गजानन माधव

मुक्तिबोधजी के नाम पर उनके जन्म दिवस 13 नवंबर पर 'मुक्तिबोध राष्ट्रीय नाट्य समारोह' का आयोजन करते हैं। इसी तरह हबीब तनवीर की पुण्यतिथि 7 जुलाई पर नाटक और उसकी भूमिका पर गंभीर आयोजन कर उन्हें भी याद करते हैं। यह दरअसल हमारी स्मृतियों का ही विस्तार है।

हीरालालजी का छत्तीसगढ़ी व्याकरण, गुलशेर अहमद शानी का 'काला जल', श्रीकांत वर्मा का 'मगध', रमेश याज्ञिक के यात्रा वृत्तांत का बखान करनेवाले 'यात्री के पत्र', चंदूलाल चौटिया और बसंत दीवान का अखिल भारतीय कवि सम्मेलन में घूम-घूमकर बेहतरीन कविता पाठ, पूरन हार्डी की कहानी 'बूढ़ान', सब हमारे स्मृतिलोक को समृद्ध करते हैं।

मैंने अपने जीवन में, अपने सुख-दुःख में, अपने लिखने-पढ़ने में, अपनी स्मृतियों में, उन लोगों की छवि सँजोए रखी है, जो मेरे साथ थे या सामने थे या जिनका लिखा-पढ़ा या किया-धरा कहीं-न-कहीं परिलक्षित हो रहा था। मैंने ईश्वर को नहीं देखा, इसलिए मेरी स्मृति संसार में मेरे माता-पिता, मेरे दोस्त-यार, मेरे मार्गप्रशस्त करनेवाले कवि-लेखक, साहित्यकार और मेरा परिवेश है। यही मेरा स्मृति संसार भी है, जो धीरे-धीरे टेक्नोलॉजी में कहीं गुम किए जाने के षड्यंत्र में गिरने को या धकेले जाने को तत्पर है, जिसे सँभालना मेरे लिए सबसे बड़ी चुनौती है।

दुर्भाग्यपूर्ण बात यह है कि यह स्मृतियों के क्षरण का समय है। छवियाँ इतनी तेजी से बदल रही हैं कि दिमाग में स्मृतियों को ठहरने का मौका ही नहीं मिल रहा है। अब तो इस बात की संभावनाएँ भी बन रही हैं कि पूर्वजों की स्मृतियाँ भी नष्ट हो जाएँगी, यदि नई पीढ़ी अपने साहित्यिक, सांस्कृतिक इतिहास को लेकर कृतज्ञ नहीं रही तो! टेक्नोलॉजी, बाजार और भाषा के चलते न संस्कृति, न सभ्यता, न भाषा, किसी के प्रति नई पीढ़ी कृतज्ञ रहेगी। ऐसी दशा में पूर्वजों के प्रति नई पीढ़ी कैसे कृतज्ञ होगी, इसकी आशा बँधती नहीं दिखती। सवाल तो अब यह भी है कि हमारी कृतज्ञता, जो कि हम स्मृति पर एकाग्र के जरिए प्रकट कर रहे हैं, हमारी पीढ़ी के बाद कितने लंबे समय तक और कितनी पीढ़ियों तक बची रहेगी? यह स्मृतियों की कृतज्ञता के क्षरण का समय है। आज की पीढ़ी की पढ़ने-लिखने, जीने की भाषा

दूसरी है और घर की भाषा दूसरी है, जो माँ-बाप के पास है, जिसमें नहीं रहना चाहकर भी उसे रहना पड़ रहा है। पिता-पुत्र की भाषा, बोल-व्यवहार से अलग-अलग है। यह स्मृतियों के, कृतघ्नता के, इतिहास बोध के संकट का समय है। ऐसे समय में 'स्मृति एकाग्र' के अपने मायने हैं।

मेरी लंबी कविता का कवितांश

यह स्मृतियों के क्षरण का समय है,
स्मृतियाँ फीड हो गई हैं, इ-मेल, मोबाइल, कंप्यूटर की डिवाइस में,
जिन्हें याद किया जाना चाहिए, ऐसी बातें कतई याद नहीं दिलाई जाएँगी,
याद दिलाया जाएगा हमें वह सब, जो जरूरी नहीं है,
याद दिलाई जाएँगी ऐसी स्मृतियाँ, जिन्हें भुला दिया जाना चाहिए।
मैं उस महीन-मजबूत तार को
खोज रहा हूँ, जो मेरे भीतर से
मेरी स्मृतियों को बेदखल करके
मुझे विपन्न करना चाहता है।

□

अँधेरे में की अर्द्धशती

गजानन माधव मुक्तिबोध, का जन्म मालवा के पठार में श्योपुर (ग्वालियर) में 13 नवंबर, 1917 को हुआ। थानेदार पिता के साथ तबादले पर यहाँ-वहाँ भटकते मुक्तिबोध ने 20 साल की उम्र में बड़नगर में शिक्षक का कार्य प्रारंभ किया। उसके बाद उज्जैन, शुजालपुर, इंदौर, कलकत्ता, मुंबई, बैंगलोर, बनारस, जबलपुर, नागपुर होते हुए वे सन् 1958 में दिग्विजय महाविद्यालय, राजनांदगाँव पहुँचे। यह इनकी यात्रा का अंतिम पड़ाव था। मुक्तिबोध ने जो भी लिखा, अपने पूरे दिल-दिमाग के साथ, अपनी मनुष्यता की ईमानदार पक्षधरता के साथ लिखा। मुक्तिबोध मनुष्य के समूचे हालात के बारे में लिखना चाहते थे, इसलिए उन्होंने जो फार्म चुना, वह था 'फैंटेसी'। मुक्तिबोध की मृत्यु को 50 साल हुए और उनकी 'अँधेरे में' जैसी कालजयी रचना को भी 50 साल पूरे हुए। मुक्तिबोध की मृत्यु 11 सितंबर, 1964 को हुई।

मुक्तिबोध के जीवनकाल में केवल दो किताबें प्रकाशित हुईं, जिनमें से एक स्कूली पाठ्यक्रम के रूप में आई। उनकी किताब 'साहित्य और संस्कृति' प्रतिबंधित हुई, दूसरी किताब 'एक साहित्यिक की डायरी' प्रकाशित हुई। मुक्तिबोध का मूल्यांकन उनकी मृत्यु के बाद हुआ। नामवर सिंह जैसे सुप्रसिद्ध आलोचक ने कहा, "नई कविता में मुक्तिबोध की जगह वही है, जो छायावाद में निराला की। निराला के समान ही मुक्तिबोध ने अपने युग के सामान्य काव्य मूल्यों को प्रतिफलित करने के साथ ही उनकी सीमा को चुनौती देकर उस सृजनात्मक विशिष्टता को चरितार्थ किया, जिससे समकालीन काव्य का सही मूल्यांकन हो सका।"

मुक्तिबोधजी के बड़े पुत्र रमेश मुक्तिबोध ने अपने पिता को सही श्रद्धांजलि देते हुए उनकी अब तक की अप्रकाशित, पूर्ण–अपूर्ण कविताओं को एकत्र किया और इसी 13 सितंबर को इन कविताओं का एक संग्रह 'ओ अनाश्रयी आत्मन बहुत अकेले हो' हम तक पहुँचाया। रमेश भाई के प्रयास से मुक्तिबोधजी के पूरे काव्य–संसार को रचनावली के आठ वॉल्यूम के रूप में हम शीघ्र ही अपने पास पाएँगे। भारतीय जन नाट्ट संघ, 'इप्टा' पिछले 18 सालों से मुक्तिबोधजी के नाम से 'मुक्तिबोध राष्ट्रीय नाट्य समारोह' का आयोजन करती है और हर बार उनकी कविताओं को जन गीतों के साथ प्रस्तुत करती है। 'इप्टा' के साथी मुक्तिबोध की इस कविता को अपने आप से सबसे ज्यादा नजदीक महसूस करते हैं :

"तुम्हारे पास, हमारे पास,
सिर्फ एक चीज है—
ईमान का डंडा है,
बुद्धि का बल्लम है,
अभय की गेंती है,
हृदय की तगारी है, तसला है
नए–नए बनाने के लिए भवन
आत्मा के,
मनुष्य के,
हृदय की तगारी में धोते हैं हमीं लोग
जीवन की गीली और
महकती हुई मिट्टी को।"

मुक्तिबोध साहित्य के विद्यार्थियों को अपने समय, समाज की नासमझी या आधी–अधूरी प्रचलित महाविद्यालयीन समझ के कारण एक कठिन और जटिल कवि लगते हैं। मुझे भी जब मुक्तिबोध को पढ़ने का अवसर मिला, तब उनको समझने में काफी मुश्किल आई। मेरे गुरुजन भी बहुत अच्छी तरह से मुक्तिबोध को मुझे समझा नहीं पाए। तब मुझे लगा कि अपने समय की

जटिलता को समझे बगैर मुक्तिबोध की कविता की जटिलता को समझना कठिन है। इस समझ ने मुझे मुक्तिबोध के अपने लिखे हुए के भीतर आने की अनुमति दी। तब मुझे आज लगा कि मुक्तिबोध अब भी उस तरह से नहीं समझे गए हैं, जैसा उन्हें समझा जाना चाहिए। मुक्तिबोध जो फैंटेसी रचते हैं, उस फैंटेसी को समझने के लिए हमें बहुत सारे प्रतीकों को समझना होगा। मुक्तिबोध की 'अँधेरे में' कविता लोकतंत्र के स्वप्नभंग और फासीवाद के समाज में संक्रमण की कविता है। मुक्तिबोध जब लिख रहे थे तो वे अपने आस-पास राजनीतिक और समाज के मूल्यों के पतन को भली-भाँति महसूस कर रहे थे। धर्मसत्ता, अर्थसत्ता, बाहुबल का बढ़ता वर्चस्व, लोकतंत्र का पतन, ये सब उन्होंने महसूस किया और 'अँधेरे में' कविता में इन सबको रूपायित किया। 'अँधेरे में', जो बहुत सारी छवियाँ मुक्तिबोध देख रहे थे, वे छवियाँ उन्हें परेशान कर रही थीं और उन्हें लगता था कि कोई बोल क्यूँ नहीं रहा है। 'अँधेरे में' का कवितांश—

"सब चुप, साहित्यिक चुप और कविजन निर्वाक्
चिंतक, शिल्पकार, नर्तक चुप हैं
उनके ख्याल से यह सब गप है
मात्र किंवदंती।"

मुक्तिबोध की कविता 'अँधेरे में' एक लंबी, जटिल और अनेकार्थों के संयोजन की यथार्थवादी कविता है। अनेकार्थों से यह आशय बिल्कुल नहीं है कि वह ऐसी बहुअर्थी कविता है, जो संवेदना और यथार्थ के अनेक अर्थ संयोजित करती है। यह कविता एक लक्ष्य निर्धारण के साथ-साथ कई काव्य अर्थों और जीवन यथार्थ को प्रकट करती है। मुक्तिबोध जीवन और यथार्थ के परस्पर जटिल अंतर्संबंधों को तथा जीवन के विविध स्तरों को इस प्रकार संयोजित करने में सफल हुए; जहाँ कविता का अभीष्ठ था, यह सर्वविदित है कि मुक्तिबोध प्रगतिशील जीवन मूल्यों के गहरे हामीदार थे, बावजूद इसके वे 'अँधेरे में' की जरूरी काल जटिलता से बाहर नहीं आए। यह कविता इसी संरचना में संभव भी है। मुक्तिबोध की 'अँधेरे में' कविता की यथार्थ की उपस्थिति के गहरे स्वीकार और संवेदन दृष्टि ने उसे आधुनिक

कविता का दर्जा भी दिया है। इस कविता की ऐतिहासिकता इसलिए महत्त्वपूर्ण नहीं है कि जीवन मूल्यों के प्रति इसमें गहरी आस्था है और संघर्ष भाव है, बल्कि कविता की परंपरागत संरचना को लगभग ध्वस्त करते हुए एक नई काव्य कला की दृष्टि की रचना भी करती है, 'अँधेरे में' की काव्य संरचना गहरे और विश्लेषणात्मक इतिहास बोध के साथ अनुभव लोक को उजागर करते हैं। इस कविता के बिंब प्रतीक एक ऐसी संश्लिष्ट प्रक्रिया को उजागर करती है, जहाँ फंतासी और नाटकीय संवादों का एक भिन्न रूप उद्घाटित होता है। 'अँधेरे में' एक तल्ख प्रतिरोध-चेतना और संवेदन काव्य दृष्टि के साथ विकसित हुई है। यही कारण है कि कालांतर में प्रगतिशील यथार्थवादी काव्य चेतना में मुक्तिबोध की दृष्टि स्पष्ट नजर आती है। जाहिर है कि यदि आज की कविता को यथार्थ की इस जटिलता से मुठभेड़ करनी है, तो मुक्तिबोध की दृष्टि से होकर गुजरना होगा। 'अँधेरे में' कविता ने जीवन यथार्थ की कठिन और कठोर भूमि पर कविता को संभव बनाया। यथार्थ दर्शन और सामाजिक द्वंद्व को एक ऐसी काव्य संरचना में निर्मित किया, जो आज तक दुर्लभ और अद्वितीय है।

अपने समय में लिखी गई मुक्तिबोध की यह कविता एक जटिल यथार्थ का मार्मिक साक्ष्य है। अपने समय और जीवन के महीन तारों को विश्लेषित करती हुई इस कविता का दुःखद तथ्य यह भी है कि उसे गंभीरता से विचार और विश्लेषण करने का समय उनकी मृत्यु (1964) के बाद आया और आज एक अर्द्धशती के बाद भी जितनी विश्लेषित, जितनी उघड़ी हुई है, उतनी ही कई-कई परतों पर अनेकार्थ छिपाए हुए भी है। संभवतः एक कारण यह भी है कि काव्य आलोचना के प्रचलित उपकरण उस समय नाकाफी थे और असहाय भी। दर्शन, प्रतिबद्धता और कविता के द्वंद्वात्मक अंतरसंबंधों को लेकर मुनासिब आलोचना दृष्टि निर्माण की प्रक्रिया में थी या फिर प्रचलित आलोचना आग्रहों से भयभीत। यह भी एक कारण है कि 'अँधेरे में' कविता की वास्तविक पहचान में कठिनाई आती है। दुर्भाग्य यह भी है कि इस कविता की अर्धसदी के बाद भी उसके नाटकीय संवाद, उसके

एकालाप और जटिल संरचना में दबी कालचेतना अधिकांश को दुरूह लगती है। वह उस आत्मा की प्रतिमा तक नहीं पहुँचती है, ''वह रहस्यमय व्यक्ति/ अब तक न पाई गई मेरी अभिव्यक्ति है/पूर्ण अवस्था वह/निज संभावनाओं, निहित प्रभावों, प्रतिभावों की/मैं परिपूर्ण का आविर्भाव/हृदय में रिस रहे ज्ञान का तनाव वह/आत्मा की प्रतिमा।''

'अँधेरे में' कविता आज भी उतनी पठनीय और जटिल है, जितनी पहले। इस कविता में आज भी एक निःस्पृह जीवन का संगीत और सामान्य यथार्थ के रूपाकार को तलाशना कठिन है। अर्द्धशती के बाद भी 'अँधेरे में' दाखिल होना एक अद्‌भुत और विलक्षण अनुभव है। यही इस कविता की शक्ति और सफलता है।

मुक्तिबोध की 'अँधेरे में' कविता बीसवीं सदी के उत्तरार्द्ध की प्रतिनिधि कविता है। जिस समय सन् 1964 में 'अँधेरे में' का प्रकाशन हुआ, उसी वर्ष मुक्तिबोध का निधन हुआ और जवाहरलाल नेहरू भी नहीं रहे। यह 'नेहरू युग' का अवसान था। मुक्तिबोध नेहरू के प्रशंसक थे। उनके निधन पर खुद बीमार होकर मृत्यु से जुझते मुक्तिबोध ने कहा, ''पार्टनर, अब फासिज्म को रोकना मुश्किल होगा।'' यह मुक्तिबोध की भविष्य दृष्टि थी। 'अँधेरे में' का वर्तमान देश के भविष्य में संक्रमित हो रहा है। 'अँधेरे में' कविता राजनीति और समाज में मूल्यों के पतन की कविता है। यह लोकतंत्र के स्वप्न-भंग और फासीवाद के समाज में संक्रमण की भी कविता है। यह पिछले 50 वर्षों के अँधेरे के आर-पार देखती हुई कविता है। कवि मुक्तिबोध इस लंबी कविता में कहते हैं—

''ओ मेरे आदर्शवादी मन,
ओ मेरे सिद्धांतवादी मन,
अब तक क्या किया?
जीवन क्या जिया!!

उदरंभरि बन अनात्म बन गए,
भूतों की शादी में कनात से तन गए

किसी व्यभिचारी के बन गए बिस्तर,
दु:खों के दागों को तमगों सा पहना,
अपने ही ख्यालों में दिन-रात रहना,
असंग बुद्धि व अकेले में रहना,
जिंदगी निष्क्रिय बन गई तलघर।"

ख्याति देनेवाले वर्ग को मुक्तिबोध क्या कहते थे—
"रक्तपाई वर्ग से नाभिनाल-बद्ध ये सब लोग
नपुंसक भोग-शिरा जालों में उलझे,
जालों में उलझे लोग, सेठाश्रयी संपादक हैं,
महाजनी सभ्यता के नौकरशाह हैं,
यांत्रिक बुद्धिजीवी हैं।"

मुक्तिबोध ने लिखा था–

"बौद्धिक वर्ग है क्रीतदास,
किराए के विचारों का उद्‌भास
बड़े-बड़े चेहरों पर स्याहियाँ पुत गईं।"

'अँधेरे में' समकालीन क्लासिक है। इसे जितनी बार पढ़ा जाएगा, उतनी बार उसके नए-नए पाठ खुलेंगे। यह हमारे समय का प्रामाणिक, ऐतिहासिक और प्रासंगिक दस्तावेज है।

□

क्या लुप्त हो जाएगा लोक

जब हम बदलते हुए लोक की बात करते हैं या विकास की बात करते हैं तो हमें यह भी स्वीकारना पड़ता है कि विकास अपने साथ बहुत सारी अच्छी और मनलुभावन चीजों को लेकर आता है, किंतु उसके साथ बहुत सारी ऐसी बातें भी आती हैं, जो लोक को नष्ट करती हैं। चूँकि बदलते परिवेश में लोक ने विकास के साथ जीना सीख लिया है, इस कारण प्रतिरोध की शक्तियाँ अब लोक में एकजुट हो रही हैं। लोककलाएँ प्रतिरोध का माध्यम बनकर जीवित रहेंगी। नए लोक ने बाजार और तकनीक को आत्मसात् किया है, जिसका जीता-जागता उदाहरण छत्तीसगढ़ का संगीत, फिल्में हैं, जहाँ लोक लगभग नदारद है। ऐसा नहीं है कि विचारों की प्रतिबद्धता को सुरक्षित रखकर भी लोक को बचाया नहीं जा सकता है। जिस तरह श्याम बेनेगल, बासु चटर्जी, ऋत्विक घटक जैसे बहुत से फिल्म निर्देशकों ने अपनी भाषा-बोली में अच्छी फिल्मों का निर्माण किया, उसी तरह छत्तीसगढ़ के लोक को हबीब तनवीर ने, मणिपुर की लोककला को रतन थियम ने अपने नाटकों में पूरी सहजता और सौंदर्यबोध के साथ जीवित रखा।

ऐसा नहीं है कि सारी दुनिया में विकास के साथ लोक लुप्त ही हो गया हो। जापान, चाइना आदि देश इसके उदाहरण हैं, जहाँ वे जब कोई प्रोडक्ट बनाते हैं, तो पहले अपनी भाषा में उसका नाम लिखते हैं, तत्पश्चात् दूसरी भाषा में प्रोडक्ट का नाम लिखा जाता है। उनके लिए अपना देश और अपनी भाषा सर्वोपरि है। हमारे देश में राजनीतिक विवशता के चलते ईस्ट इंडिया कंपनी, जो अपना व्यापार करने के लिए अंग्रेजी भाषा को साथ लेकर आई

थी, उसने हमारी प्रमुख भाषाओं को धीरे-धीरे अपदस्थ कर दिया है। बोलियाँ भी अब धीरे-धीरे नष्ट होने के कगार पर पहुँच गई हैं। हमारी नई पीढ़ी के सामने जो लोक रचा जा रहा है, वह वैसा नहीं है, जैसा कि उसे दिखाने का प्रयास हो रहा है।

जब हम आज लोक के लुप्त होने की बात कर रहे हैं तो ऐसे समय में हमारे देश में लोक जीवित है, किंतु पश्चिम में वह नष्ट हो रहा है। लोक के नष्ट होनेवाले देशों में यूरोप और अफ्रीका शामिल थे, जहाँ की सारी बोलियाँ और कलाएँ तेजी से नष्ट हुईं। बाजार ने वहाँ पर ऐसा जाल फैलाया कि अब अफ्रीका के लोग अपनी बोली की जगह रॉक बैंड बजाते हैं, जो पहले सबसे समृद्ध लोक परंपरा थी। अमरीका जैसे पश्चिमी देशों में अब लोक म्यूजियम की वस्तु है। वहाँ के जातीय जनजीवन को वहाँ के म्यूजियम में ही देखा जा सकता है। अमरीका में विकास की शुरुआत ही दमन और विनाश से हुई। रेड इंडियन और उनकी लोक संस्कृति को पूरी तरह नष्ट करके यहाँ के सत्तासीन और ताकतवर लोगों ने एक नया अमरीका बसाया, जिसमें रेड इंडियन के लिए कोई जगह नहीं थी। उद्योगपति और भावी समाजवादी रॉबर्ट ओवेन ने सन् 1815 में लिखा, ''न्यू लानार्क के मेरे उपक्रम में 2000 नौजवान और वयस्क लोगों द्वारा यांत्रिक शक्ति इतना काम कर लेती है, जितना साठ साल पहले स्कॉटलैंड की सारी काम करनेवाली जनसंख्या कर पाती थी।''

औद्योगिक क्रांति के समय उत्पादन के तरीकों में ऐसे परिवर्तन हो रहे थे, जो दस हजार साल पहले जब मानव शिकार और खाद्य संग्रह द्वारा जीता था, से अब तक नहीं हुए थे। पहले ये परिवर्तन उत्तरी इंग्लैंड, दक्षिणी स्कॉटलैंड और बेल्जियम में केंद्रित थे, पर जल्दी ही ये हर कहीं विकास को प्रभावित करनेवाले थे। इस विकास ने समूचे लोक को और लोकजीवन को बुरी तरह प्रभावित किया। औद्योगिक क्रांति से कस्बों और नगरों में अभूतपूर्व भीड़ उमड़ पड़ी। कोयले के ईंधन और पानी की भाप से पूरी दुनिया में जो बदलाव आया, उसने ग्रामीण जीवन को बुरी तरह प्रभावित किया। औद्योगिक क्रांति ने पहले कपड़ा और इंजीनियरिंग उद्योगों में जड़ जमाई और बाद में यही जड़ें पूँजी पर आश्रित हो गईं।

अमरीका में 1920 के दशक को मीडिया और मुख्यधारा के राजनेताओं ने गोल्डन ट्वेनटीज, 'नया काल' और 'जैज एज' कहकर पुकारा। 1890 से 1900 के दशक में हुए आविष्कार, जैसे—बिजली, ग्रामोफोन, सिनेमा, वैकुअम क्लीनर, रेफ्रीजरेटर, टेलीफोन आदि का अब तक थोड़े लोग, जिसे इस्तेमाल कर पाते थे, अब ये आम लोगों के लिए सुलभ हो गया।

तकनीक के इस विस्तार ने सबसे पहले संगीत को प्रभावित किया। संगीत अपने विभिन्न रूपों में जैज एज नए लोकप्रिय संगीत के रूप में स्थापित हुआ। 24 अक्तूबर, 1929 को 'जैज एज' की आशाएँ छिन्न-भिन्न हो गईं और एक 'ब्लैक थर्सडे' की स्मृतियाँ छोड़ गईं। जिस तरह यूरोप का युद्ध विश्वयुद्ध बन गया, उसी तरह अमरीका और पश्चिमी यूरोप की मंदी विश्व-मंदी बन गई। पूरी दुनिया में लोक के लुप्त होने की यह प्रारंभिक अवस्था थी। (संदर्भ—विश्व का जन इतिहास, क्रिस हरमन, अनुवाद, लाल बहादुर वर्मा)

आधुनिक विकास और पारंपरिक जीवनशैली में अनिवार्य अंतर्विरोध है। विकास परंपरा को नष्ट करता है, चूँकि विकास के साथ बाजार जुड़ा है और बाजार कभी भी जनोन्मुखी और आम आदमी का हितैषी नहीं होता है। किसी भी देश, प्रांत या क्षेत्र में 5 हजार करोड़ रुपए की कंपनी लगानेवाला उद्योगपति अपनी भाषा तथा अपने काम के लोगों के साथ वहाँ आता है और वह अपनी दुनिया रचता है। विकास के परिणामस्वरूप जैव विविधता, सांस्कृतिक विविधता और पर्यावरण के विनाश के रूप में दिखते हैं। आज पूरी दुनिया में औद्योगिक संस्कृति आक्रामक अवस्था में है। बाजार और तकनीक ने लोक को बाजार में ला खड़ा किया है। लोक स्मृतियाँ नष्ट हो रही हैं, लोक बदल रहा है और अब बदलता हुआ लोक ही जीवित रहेगा।

पूरी दुनिया में ग्लोबल विलेज की घोषणा के साथ बाजार जिस निर्मम और आक्रामक तरीके से आया है, उसमें अपवाद छोड़ दें तो गाँव पूरी तरह बाजार की अतिक्रमण इच्छा की चपेट में नहीं आया है। लोककलाएँ और लोकसभाएँ या कहें लोक संस्कृति गाँव की गरीब जनता का अपने समय की क्रूरता से संघर्ष और लुभाते परिवेश से प्रतिकार का तरीका है। ऐसा प्रतिकार, जिसमें बाजार समय और अभाव तथा दुःख से लड़ते हुए अपने आपको हर

हाल में खुश रखने का तरीका है। लोक ने अपने समय से संघर्ष और जीवन यथार्थ के अनुभव की ऐसी अभिव्यक्ति की है, जो खुशी की धुरी पर शोषण और दमन के प्रति दुत्कार भाव भी है और लोक संस्कृति के प्रति आदर और संरक्षण के प्रति जिद भी है।

लोकजीवन से जुड़े हर प्रयास और प्रस्तुति में पूरा नास्ट्रेल्जियम नहीं है, बल्कि अतीत की गहरी परतों के नीचे दबे पौराणिक आख्यानों के साथ ही इतिहास के अंश भी होते हैं। अतीत से गहरी संवेदना के कारण ही लोककलाएँ और लोक संस्कृति अपने मूल स्वरूप को बचाए रखती हैं। इसमें ग्रामीण जीवन के अनुरोध, इच्छाएँ, यथार्थ और नैतिकता का आग्रह भी होता है।

बाजार को जो भी बड़ी दिक्कतों का सामना करना पड़ रहा है, उसमें एक दिक्कत यह भी है कि गाँवों में लोक संस्कृति के प्रति गहरा स्थान है, जो मनोरंजन से आगे जाकर आस्था पर ठहरता है। यही वजह है कि बाजार की ताकतें यहाँ धर्म और आस्था की सामग्री के साथ उपस्थित दिखाई देती हैं। लोक संस्कृति को वे अपनी परंपरा की विरासत मानते हैं, हालाँकि यह भी उपभोक्तावाद, पूँजीवाद का एक षड्यंत्र है कि लोक को विलुप्त न कर पाने की विवशता में लोक संस्कृति को पर्यटक दृष्टि सौंपकर उसी में एक नया बाजार बनाया जाए, जैसे दिल्ली का हाट बाजार या अन्य बाजार। ग्रामशी ने लोक की उपस्थिति को सत्ता की निज-हित व्यवस्था के खिलाफ जन की दार्शनिक लोकसत्ता कहा है।

लोक की एक बड़ी विशेषता यह है कि उसमें निरंतर परिवर्तन होते रहते हैं। लोक संस्कृति में विभिन्नता और अनेकता के साथ संतुलन में परंपरा के प्रति निष्ठा भी सुरक्षित रहती है। आधुनिक समय की सत्ता का चरित्र न चाहते हुए भी कुछ ऐसा हो जाता है कि वे लोगों के प्रति चिंता जताते हुए भी लोक के कलाकार और रचनाकार अनदेखे और उपेक्षित रह जाते हैं, जिससे अनचाहे यह सूचना भी आ जाती है कि सत्ता हमेशा जन को लोक बनाए रखना चाहती है। लोक में मौजूद गीत-संगीत, अभिनय और कथा का अद्‌भुत संयोजन है। ऐसा संयोजन लोक कलाओं की समग्रता का आकार बढ़ाता है और उसे संभव करता है। लोक संस्कृति निरंतर परिवर्तनशील है और संभवत: वह अपनी जिजीविषा के लिए ऊर्जा यहीं से हासिल करती है। लोक में जिस जीवन और

लोककलाओं का सौंदर्य संतुलन होता है, वहीं उसकी उपस्थिति की सहज सौंदर्य निर्मिति भी होती है। कारण, भौतिक परिस्थितियों और बाजार के आक्रमण से प्रभावित जीवन के द्वंद्व को लोक महसूस करता है। लोक के मजबूत चरित्र का एक पक्ष उसकी सामूहिकता भो है। लोक की विडंबना अभाव और दुःख है, तो करुणा उसका आधार है। यह अपनी सहिष्णुता के चलते इन सबके बीच एक गहरा और सकारात्मक संतुलन पैदा करता है। बाजार ने अभी इस लोक को नष्ट नहीं किया है, लेकिन अभी अपनी निर्लज्ज कुटिलता की आहट को छुपाया भी नहीं है। महानगरों, शहरों और कस्बों के बाद बाजार की नजर अब इसी लोक पर है। इसकी गहरी और मजबूत जिजीविषा, धैर्य और अपने होने के प्रति अटूट आस्था इसका शस्त्र भी है और शरणस्थली भी। लोक की भौतिक परिस्थितियों से मुठभेड़ होती रही है और इसी मुठभेड़ ने लोक के चिंतन और परंपरा-विवेक के साथ ही संस्कृतिबोध की रक्षा भी की है।

हमारे देश में 19वीं सदी में विकास की शुरुआत विनाश से नहीं, परिवर्तन से हुई है। हमने अपने को इतना भी नहीं बदला कि हम अपनी मूल पहचान खो दें। भारतीय समाज ने परिवर्तन को स्वीकारा है और उसे अपने ढंग से अपनी लोक संस्कृति में शामिल भी किया है। गाँव के हमारे लोक संस्कृति दल नए-नए उपकरणों के साथ तालमेल बिठाकर अपनी प्रस्तुतियाँ देते हैं। कुछ समाज वैज्ञानिकों को ऐसी आशंका है कि तेजी से होते विकास से ग्रामीण स्थिति बदलेगी, लोक संस्कृति बदलेगी और धीरे-धीरे वह नष्ट हो जाएगी, पर जनसंस्कृति से जुड़े हमारे जैसे लोगों को यह विश्वास है कि हम आधुनिकता को अपनी लोक संस्कृति, लोक-कथाओं, लोक संगीत के साथ जोड़कर, उसी तरह अपने लोक को जीवित रखेंगे, जैसा कि हमारे नाचा के कलाकार सिनेमा के साथ अपने संगीत को जोड़कर, आत्मसात् करके जीवित रखे हुए हैं। हमारी संस्कृति बदलाव को स्वीकार करती है, उसे आत्मसात् करती है। हम अपनी लोक संस्कृति को एक जीवित, गतिशील मानव संग्रहालय के रूप में अपने बीच पाते हैं, जिसकी जड़ें बहुत गहरे से हमारी अपनी जीवनशैली, हमारे मनोरंजन के साथ हमारी आस्था से भी जुड़ी हुई हैं। हमारा लोक हमारे भीतर है।

□

हमारे समय के महत्त्वपूर्ण कवि

हमारे समय के बहुत से पुराने और नए कवि 'साहित्य महोत्सव' में काव्य पाठ और होनेवाले विमर्श में भाग लेने आ रहे हैं। 'साहित्य महोत्सव' में पहले दिन होनेवाले काव्य विमर्श में हम तीन महत्त्वपूर्ण कवियों केदारनाथ सिंह, विनोद कुमार शुक्ल और नरेश सक्सेना को सुनेंगे तथा इस काव्य पाठ के सूत्रधार चर्चित युवा कवि एकांत श्रीवास्तव होंगे। विनोद कुमार शुक्ल और एकांत श्रीवास्तव छत्तीसगढ़ के हैं। दूसरे दिन होनेवाले काव्य पाठ में अशोक वाजपेयी कविता पढ़ेंगे और अपूर्व आनंद सूत्रधार होंगे। तीसरे दिन के काव्य पाठ में लीलाधर मंडलोई और प्रयाग शुक्ल कविता पढ़ेंगे तथा जय प्रकाश सूत्रधार होंगे। इसके अलावा इस साहित्य सम्मेलन में जो महत्त्वपूर्ण कवि भाग लेंगे, उनमें राजेश जोशी, मंगलेश डबराल, अशोक चक्रधर, विश्वरंजन, प्रभात त्रिपाठी, संजीव बख्शी, उदयन वाजपेयी, सुधीर सक्सेना, गीताश्री, जीवन यदु जैसे महत्त्वपूर्ण कवि 'साहित्य महोत्सव' में उपस्थित रहकर विमर्श में भाग लेंगे।

हमारे महत्त्वपूर्ण कवियों के सृजनात्मक लेखन, उनकी कविताओं, उनके काव्य संग्रह और उनके व्यक्तित्व के बारे में इस लेख के माध्यम से थोड़ी-बहुत जानकारी देने का प्रयास है।

नरेश सक्सेना—ग्वालियर में 16 जनवरी, 1939 में जनमे नरेश सक्सेना हिंदी कविता के उन चुनिंदा, विनम्र, खामोश, लेकिन सजग कवियों में से हैं, जो अपनी कविताओं में पर्यावरण को लेकर इतने सजग और राजनीतिक रूप

से इतने प्रतिबद्ध कवि हैं कि वे हमें बाकी कवियों से अलग दिखाई देते हैं। जब वे दावा करते हैं कि दुनिया के नमक तथा लोहे में हमारा हिस्सा है तो उन्हें यह भी जिम्मेदारी याद आती है कि दुनिया भर में बहते हुए खून और पसीने में हमारा हिस्सा होना चाहिए।

नरेश सक्सेना विलक्षण कवि हैं और कविताओं की गहन पड़ताल में विश्वास रखते हैं, इसका एक सबूत यह है कि सन् 2001 में वे 'समुद्र पर हो रही बारिश' के साथ ही देश के चर्चित कवियों में शुमार हो गए। साहित्य के लिए सन् 2000 का पहला सम्मान, सन् 1992 में निर्देशन के लिए राष्ट्रीय फिल्म पुरस्कार और सन् 1973 में हिंदी साहित्य सम्मेलन का सम्मान उन्हें मिला।

नरेश सक्सेना अपनी विषयवस्तु किसी अध्यात्म या आधिभौतिकी से नहीं लेते, वे शायद हिंदी के पहले कवि हैं, जिन्होंने अपने अर्जित वैज्ञानिक ज्ञान को मानवीय एवं प्रतिबद्ध सृजन-धर्म में ढाल लिया है तथा इस जटिल प्रक्रिया में उन्होंने न तो विज्ञान को सरलीकृत किया है और न कविता को गरिष्ठ बनाया है। यांत्रिकी उनका अध्यवसाय और व्यवसाय रही है और नरेश ने नवगीतकार के रूप में अपनी प्रारंभिक लोकप्रियता को तजते हुए धातु-युग की उस कठोर कविता को वरा, जिसके प्रमुख अवयव लोहा, कंक्रीट और मनुष्य- शक्ति हैं। एक दृष्टि से वे मुक्तिबोध के बाद शायद सबसे ठोस और घनत्वपूर्ण कवि हैं एवं उनकी रचनाओं में खून, पसीना, नमक, ईंट, गारा बार-बार लौटते हैं। दूसरी ओर उनकी कविता में पर्यावरण की कोई सीमा नहीं है। वह भौतिक से होता हुआ सामाजिक और निजी विश्व को भी समेट लेता है। हिंदी कविता में पर्यावरण को लेकर इतनी सजगता और स्नेह बहुत कम कवियों के पास है—

"कुछ बच्चे बहुत अच्छे होते हैं
वे गेंद और गुब्बारे नहीं माँगते
मिठाई नहीं माँगते, जिद नहीं करते
और मचलते तो हैं ही नहीं,
बड़ों का कहना मानते हैं
वे छोटों का भी कहना मानते हैं

इतने अच्छे होते हैं
इतने अच्छे बच्चों की तलाश में रहते हैं हम
और मिलते ही
उन्हें ले आते हैं घर
अकसर
तीस रुपए महीने और खाने पर।"

केदारनाथ सिंह—समकालीन कविता के प्रमुख हस्ताक्षर हैं। इनकी कविता में गाँव और शहर का द्वंद्व साफ देखा जा सकता है। केदारनाथ सिंह एकमात्र ऐसे कवि हैं, जो प्रगतिशील आंदोलन की हताशा, कुंठा, परायापन जैसी शब्दावली में संवेदना की तलाश की आधुनिकता को अस्वीकार करते थे। उन्होंने जीवन के यथार्थ के साथ एक काव्यात्मक यथार्थ की पहचान भी कायम की। भारतीय समाज के प्रति वे गहरी संवेदना और सजगता रखते हैं, जो परिस्थितियों का विश्लेषण करके पाठकीय मन की तह तक जाती है।

उत्तर प्रदेश के चकिया (बलिया) में सन् 1934 में जनमे श्री केदारनाथ सिंह ने हिंदी कविता में 'बिंबविधान' विषय पर सन् 1964 में पी-एच.डी. की। उनकी लंबी कविता 'बाघ' सर्वाधिक चर्चित हुई। अपनी 'बाघ' कविता के बारे में लिखते हुए केदारनाथ सिंह कहते हैं, "आज का मनुष्य बाघ की प्रत्यक्ष वास्तविकता से इतनी दूर आ गया है कि जाने-अनजाने बाघ उसके लिए एक मिथकीय सत्ता में बदल गया है, पर इस मिथकीय सत्ता से बाहर बाघ हमारे लिए आज भी हवा-पानी की तरह एक प्राकृतिक सत्ता है, जिसके होने के साथ हमारे अपने होने का भवितव्य जुड़ा हुआ है।"

केदारनाथ सिंह अनेक पुरस्कारों से सम्मानित हुए हैं, जिनमें प्रमुख हैं भारतीय ज्ञानपीठ सम्मान, साहित्य अकादमी पुरस्कार, मैथिलीशरण गुप्त सम्मान, कुमारन आशान पुरस्कार, दिनकर पुरस्कार तथा जीवन भारती सम्मान। काव्य पाठ के लिए अमरीका, रूस तथा कजाकिस्तान आदि देशों की यात्राएँ। उनकी प्रमुख कृतियाँ—'बाघ', 'उत्तर कबीर तथा अन्य कविताएँ', 'अभी-बिल्कुल-अभी', 'जमीन पक रही है', 'यहाँ से देखो', 'अकाल में सारस तथा प्रतिनिधि कविताएँ' (कविता संग्रह)।'कल्पना और छायावाद', 'आधुनिक हिंदी कविता

में बिंब-विधान' तथा 'मेरे समय के शब्द' (गद्य कृतियाँ) हैं।

केदारनाथ सिंह की 'बाघ' लंबी कविता का भाग—दस!

"उस दिन बाघ
रोता रहा रात भर
सबसे पहले एक लोमड़ी आई
और उसने पूछा
रोने का कारण
फिर खरगोश आया
भालू आया
साँप आया
तितली आई
सब आए
और सब पूछते रहे
रोने का कारण
पर बाघ हिला न डुला
बस रोता रहा
रात भर
प्यास लगी
वह रोता रहा
भूख लगी
वह रोता रहा
चाँद निकला
वह रोता रहा
तारे डूबे
वह रोता रहा
कौआ बोला
वह रोता रहा
दूर कहीं मंदिरों में

बजने लगे घंटे
वह रोता रहा''

राजेश जोशी—मध्य प्रदेश के नरसिंहगढ़ में 18 जुलाई, 1946 में जनमे राजेश जोशी हमारे देश के चर्चित कवियों में एक हैं। राजेश जोशी वैचारिक और सामाजिक सजगता के तौर पर सबसे सजग कवि हैं। साहित्यिक परिदृश्य में कविता के साथ नाट्य लेखन में समान साझेदारी करने वाले राजेश जोशी अपनी काव्य संवेदना के लिए जितनी प्रामाणिकता के साथ जाने जाते हैं, उतना ही गंभीर गद्य लेखन के लिए भी। उन्होंने बच्चों को लेकर भी बहुत सी कविताएँ लिखी हैं। समकालीन हिंदी कविता में राजेश जोशी की उपस्थिति एक दिलेर उपस्थिति है, कविता लिखना और उसके लिए लड़ना भी। उनमें एक काव्य व्यक्तित्व भी है, जो कविताएँ लिखनेवाले कई कवियों में नहीं भी हुआ करता है। उनकी यह उपस्थिति एक लोकतांत्रिक उपस्थिति है, जहाँ आप ढेर सारा संवाद कर सकते हैं। राजेश जोशी के चर्चित कविता संग्रह 'एक दिन बोलेंगे पेड़', 'मिट्टी का चेहरा' और 'दो पंक्तियों के बीच' शामिल है। उन्होंने कविताओं के अनुवाद का भी बड़ा काम किया है। उन्हें सन् 2002 में साहित्य अकादमी पुरस्कार भी मिला है। राजेश जोशी मेरे प्रिय कवियों में से हैं, जिनकी बहुत सारी कविताओं में से मुझे एक कविता बहुत अधिक प्रिय है—

''जो इस पागलपन में शामिल नहीं होंगे
मारे जाएँगे
कठघरे में खड़े कर दिए जाएँगे, जो विरोध में बोलेंगे
जो सच-सच बोलेंगे, मारे जाएँगे
बरदाश्त नहीं किया जाएगा कि किसी की कमीज हो
उनकी कमीज से ज्यादा सफेद
कमीज पर जिनके दाग नहीं होंगे, मारे जाएँगे
धकेल दिए जाएँगे कला की दुनिया से बाहर, जो चारण नहीं
जो गुन नहीं गाएँगे, मारे जाएँगे

धर्म की ध्वजा उठाए जो नहीं जाएँगे जुलूस में
गोलियाँ भून डालेंगी उन्हें, काफिर करार दिए जाएँगे
सबसे बड़ा अपराध है इस समय
निहत्थे और निरपराध होना
जो अपराधी नहीं होंगे
मारे जाएँगे।''

मंगलेश डबराल—सूक्ष्म सौंदर्यबोध और पारदर्शी भाषा में विनीत भाव से काव्य सृजन करनेवाले मंगलेश डबराल का जन्म टिहरी गढ़वाल, उत्तराखंड में सन् 1948 में हुआ था। मंगलेश डबराल इस दौर का बेहद महत्त्वपूर्ण नाम है। 'पेट्रियाट', 'प्रतिपक्ष' और 'आस-पास' में पत्रकारिता करते हुए 'भारत भवन', भोपाल से प्रकाशित 'पूर्वग्रह' में बतौर सहायक संपादक सेवाएँ दीं। इनके चर्चित कविता संग्रह—'पहाड़ पर लालटेन', 'नेपथ्य में हँसी', 'घर का रास्ता', 'हम जो देखते हैं', 'आवाज भी एक जगह है', 'एक यात्रा डायरी', 'एक बार आयोवा', 'लेखक की रोटी' आदि हैं। इन्हें प्राप्त सम्मान एवं पुरस्कार में ओम प्रकाश स्मृति सम्मान, श्रीकांत वर्मा पुरस्कार, शमशेर और पहल सम्मान एवं साहित्य अकादमी पुरस्कार प्रमुख हैं।

मंगलेश डबराल की कविता 'विडंबना' करुणा और विनम्र शिल्प की कविता है। वे अपनी कविता के माध्यम से अपने समय, समाज, परिवार और खुद अपने आस-पास नैतिक साक्षात्कार को एक मुख्य वक्तव्य के रूप में रखते हैं। इनकी कविताएँ गद्य का सहारा लेती हैं, पर ये गद्य की कविताएँ नहीं हैं।

श्री मंगलेश डबराल की कविताओं के भारतीय भाषाओं के अतिरिक्त अंग्रेजी, रूसी, जर्मन, स्पानी, पोल्स्की और बल्गारी भाषाओं में भी अनुवाद प्रकाशित हो चुके हैं। कविता के अतिरिक्त वे साहित्य, सिनेमा, संचार माध्यम और संस्कृति के सवाल पर नियमित लेखन भी कर चुके हैं।

मंगलेश डबराल की कविता 'तुम्हारा प्यार' (एक पहाड़ी लोकगीत से प्रेरित) :

"तुम्हारा प्यार लड्डुओं का थाल है
जिसे मैं खा जाना चाहता हूँ
तुम्हारा प्यार एक लाल रूमाल है
जिसे मैं झंडे सा फहराना चाहता हूँ
तुम्हारा प्यार एक पेड़ है
जिसकी हरी ओट से मैं तारों को देखता हूँ
तुम्हारा प्यार एक झील है
जहाँ मैं तैरता हूँ और डूबता रहता हूँ
तुम्हारा प्यार पूरा गाँव है
जहाँ मैं होता हूँ।

विनोद कुमार शुक्ल—01 जनवरी, 1937 को राजनांदगाँव में जनमे विनोद कुमार शुक्ल ने मुक्तिबोध के सान्निध्य में रहकर कविता लेखन शुरू किया। विनोद कुमार शुक्ल हमारे समय के सबसे महत्त्वपूर्ण कवि हैं और उपन्यासकार भी। वे साहित्य में एक अलग ही भाषा में कविता रचते हैं। उनके साहित्य में भाषा का खिलंदड़ापन है। उनके बारे में यह भी कहा जाता है कि वे कथ्य से ज्यादा भाषा में रचते हैं। कवि आलोचक अशोक वाजपेयी अपनी किताब 'कवि कह गया है' में लिखते हैं, "विनोद कुमार शुक्ल के यहाँ कविता किसी भी तरह की यानी चालू मुहावरों की नई आलंकारिकता, सबको तुच्छ-नगण्य मानने की अतार्किक बहादुरी, बड़बोलेपन और मध्यवर्गीय आत्मदया, सभी से मुक्त है।" विनोद कुमार शुक्ल अपनी रचना प्रक्रिया के बारे में अपनी चयनित प्रतिनिधि कविताओं के संग्रह में कहते हैं, "प्रत्येक कविता का लिखना बचा हुआ, अभिव्यक्ति का बचा हुआ भी होता है, जो पाठक की समझ से पूरा होता है। एक रचना की पूर्ति अलग-अलग पाठकों में अलग-अलग होती है। मैं दूसरों की कविता पढ़ने के बाद अपने लिए इसी तरह उसमें जगह पाता हूँ। इस जगह मैं भटकता हूँ। जहाँ पहुँचना था, वहाँ पहुँच गए, ऐसा कभी नहीं होता, परंतु भटकने की जगह जानी-पहचानी जरूर हो जाती है। भटकने की जगह का जाना-पहचाना हो जाना अच्छा

लगता है, इसलिए भटकना भी। कविता मेरे लिए दुनियादारी है और लिखना भी।'' उनकी प्रकाशित कृतियाँ—'लगभग जयहिंद', 'वह आदमी चला गया नया गरम कोट पहनकर विचार की तरह', 'सब कुछ होना बचा रहेगा', 'अतिरिक्त नहीं', 'कविता से लंबी कविता', 'आकाश धरती को खटखटाता है' (कविता संग्रह), 'नौकर की कमीज', 'खिलेगा तो देखेंगे', 'दीवार में एक खिड़की रहती थी', 'हरी घास की छप्परवाली झोपड़ी और बौना पहाड़' (उपन्यास), 'पेड़ पर कमरा', 'महाविद्यालय' (कहानी संग्रह) आदि हैं।

फिल्म/नाटक-उपन्यास 'नौकर की कमीज' एवं कहानी 'बोझ' पर मणिकौल द्वारा फिल्म का निर्देशन, सन् 1999 केरल अंतरराष्ट्रीय फिल्म समारोह में पुरस्कृत। 'आदमी की औरत' एवं 'पेड़ पर कमरा' कहानियों पर राष्ट्रीय फिल्म इंस्टीट्यूट, पूना द्वारा फिल्म का निर्माण। वेनिस अंतरराष्ट्रीय समारोह, सन् 2009 में 'स्पेशल मेनशन अवॉर्ड' से सम्मानित।

इन्हें प्राप्त सम्मानों में गजानन माधव मुक्तिबोध फेलोशिप, वीर सिंहदेव पुरस्कार, रजा पुरस्कार, अखिल भारतीय भवानी प्रसाद मिश्र सम्मान, सृजन भारतीय सम्मान, रघुवीर सहाय स्मृति पुरस्कार, शिखर सम्मान, साहित्य अकादमी पुरस्कार आदि शामिल हैं।

विनोद कुमार शुक्लजी की कविता 'जो मेरे घर कभी नहीं आएँगे'

''जो मेरे घर कभी नहीं आएँगे
मैं उनसे मिलने
उनके पास चला जाऊँगा
एक उफनती नदी कभी नहीं आएगी मेरे घर
नदी जैसे लोगों से मिलने
नदी किनारे जाऊँगा
कुछ तैरूँगा और डूब जाऊँगा
पहाड़, टीले, चट्टानें, तालाब
असंख्य पेड़, खेत
कभी नहीं आएँगे मेरे घर
खेत-खलिहानों जैसे लोगों से मिलने

गाँव-गाँव, जंगल-गलियाँ जाऊँगा।
जो लगातार काम में लगे हैं
मैं फुरसत से नहीं
उनसे एक जरूरी काम की तरह
मिलता रहूँगा—
इसे मैं अकेली आखिरी इच्छा की तरह
सबसे पहली इच्छा रखना चाहूँगा।''

अशोक वाजपेयी—दुर्ग में 16 जनवरी, 1941 को जनमे श्री अशोक वाजपेयी ने सागर विश्वविद्यालय और सेंट स्टीफेंस कॉलेज, दिल्ली से पढ़ाई की। उनकी अब तक 33 से अधिक कृतियाँ प्रकाशित हो चुकी हैं, जिसमें उनके कविता संग्रह हैं, 'एक पतंग अनंत में', 'शहर अब भी संभावना हैं', 'अगर इतने से', समग्र कविताओं का संचयन 'तिनका-तिनका', 'दुःख चिट्‌ठीरसा है'। कविता के अलावा उन्होंने आलोचना पर भी महत्त्वपूर्ण किताबें लिखी हैं। श्री अशोक वाजपेयी द्वारा बहुत सी प्रमुख किताबों का संपादन भी किया गया है। उन्हें सन् 1994 में साहित्य अकादमी और दयावती मोदी शिखर सम्मान से सम्मानित किया जा चुका है। वे देश में बहुत से महत्त्वपूर्ण पदों पर रहे हैं।

अशोक वाजपेयी हिंदी साहित्य जगत् में सबसे चर्चित और विवादास्पद व्यक्ति के रूप में जाने जाते हैं। कवि-साहित्यकार होते हुए एक ब्यूरोक्रेट के रूप में उन्होंने साहित्य और संस्कृति के लिए जो भी काम किया, उसको लेकर वे हमेशा चर्चा में रहे। मध्य प्रदेश को देश का सांस्कृतिक केंद्र बनाने में 'भारत भवन' जैसी संस्था के निर्माण में अशोक वाजपेयी की महती भूमिका रही है। अशोक वाजपेयी उन शख्सियतों में शामिल हैं, जिन्हें साहित्य और संस्कृति जगत् में आप इग्नोर नहीं कर सकते, चाहे आप उनसे प्यार करें या नफरत करें। अशोक वाजपेयी के लेखन के बारे में अरविंद त्रिपाठी उनकी प्रतिनिधि कविता की भूमिका में कहते हैं, ''अशोक वाजपेयी के कवि-कर्म पर दृष्टिपात करते हुए यह अकसर आरोपित किया जाता है कि

वे संघर्ष विमुख और समाज-निरपेक्ष कवि हैं। शायद यह आरोप वे लगाते हैं, जो उन्हें मार्क्सवाद का विरोधी मानते हैं, जबकि सच्चाई यह है कि वे मार्क्सवाद के विरोधी नहीं, बल्कि उससे असहमत कवि हैं।'' किसी विचार से असहमति रखना किसी मनुष्य और लेखक का बुनियादी अधिकार है। क्या मार्क्सवाद से असहमति रखना समाज-विरोधी होना है? देखना चाहिए कि क्या अशोक वाजपेयी की कविता जन विरोधी, समाज विरोधी या मनुष्य विरोधी है? जाहिर है इन प्रश्नों का जवाब उनकी कविता के आधार पर किसी आलोचक, पाठक को देना कठिन होगा, क्योंकि उनकी कविता का मुख्य सरोकार मनुष्य ही है। उसमें साधारण जन और मध्यवर्ग की दुनिया रची-बसी है। मैं नहीं समझता कि वहाँ कहीं किसी अभिजन मनुष्य या अभिजन समाज का महिमामंडन या बखान है।

अशोक वाजपेयीजी की कविता 'सब-कुछ छोड़कर नहीं' :

''हम सबकुछ छोड़कर
यहाँ से नहीं जाएँगे
साथ ले जाएँगे
जीने की झंझट, घमासान और कचरा
सुकुमार स्मृतियाँ, दुष्टताएँ
और कभी कम न पड़नेवाले शब्दों का बोझ।
हरियाली और उजास की छवियाँ
अप्रत्याशित अनुग्रहों का आभार
और जो कुछ भी हुए पाप-पुण्य।
समय-असमय याद आनेवाली कविताएँ
बचपन के फूल-पत्तियों भरे हरे सपने
अधेड़ लालसाएँ
भीड़ में पीछे छूट गए बच्चे का दारुण विलाप।
दूसरों की जिंदगी में
दाखिल हुए अपने प्रेम और चाहत के किस्सों
और अपने होने के अचरज को

साथ लिये हम जाएँगे।
हम सबकुछ छोड़कर
यहाँ से नहीं जाएँगे।

वो जो नहीं है...

वो जो नहीं है, वो बनना चाहता है।
बादल नदी बनना चाहता है, नदी बादल
समुद्र अपनी हदें तोड़कर दरिया बनना चाहता है
दरिया अपना विस्तार करके समुद्र
चींटी हाथी बनना चाहती है, हाथी शेर
और शेर पालतू होना चाहता है, ताकि
बिना शिकार पा सके स्वादिष्ट मांस
हम जो नहीं हैं, वो बनना चाहते हैं
अफसर नेता बनना चाहते हैं, नेता अफसर
मीडिया न्यायालय बनना चाहता है, न्यायालय संसद्
संसद् बनकर नया संविधान बनाना चाहता है, न्यायालय
बिना किसी जवाबदेही के सबको गरियाने के लिए
संसद् स्वयंसेवी संगठन की तरह बनना चाहती है
स्वयंसेवी संगठन सर्वशक्तिमान होकर सभी को सीख देना चाहता है
जिनकी सारी इच्छाएँ मर गई हैं या मार दी गई हैं
वे ईश्वरवादी होकर आकाश की तरफ बेबस निहार रहे हैं
उठ गया है ऐसे लोगों का विश्वास देखी-भाली दुनिया से
देखे-भाले लोगों से, चुनी हुई सरकारों से, हम सभी से
गाय, बकरी अन्य पालतू जानवर सभी-के-सभी
शहरी कोलाहल से थककर जंगल की ओर जाना चाहते हैं
जंगल, जंगल में नहीं दिखकर शहरों के आसपास दिखना चाहता है
हिंसक जानवर शक्लें बदलकर
बड़े-बड़े शहरों में व्यवस्थित बसना चाहते हैं

सभी अपनी उम्र का जंगल आराम से काटने के लिए
ऐसा कुछ नहीं कहना चाहता कोई किसी से
जो उसे असुविधाजनक लगे, खरा-खरा लगे
सभ्यताओं का लबादा ओढ़े इस समय की रीत यही है
जो, जो नहीं हैं वो, वो बनना चाहता है, दिखना चाहता है
हथियार का व्यापारी शांति की अपील करता है
युद्ध को आमादा पड़ोसी मैत्री का हाथ बढ़ाता है
सुदूर देशों में बैठकर कुछ लोग चलाना चाहते हैं
बहुत सारे देशों में राजनीति और मुनाफे का व्यापार
भाई दूर से कहता है, मदद की बात, आ नहीं पाता है
बेटा वृद्ध माँ-बाप को ठीक से सँभाल नहीं पाता
जब भी मौका मिलता है, करते हैं सब आदर्श परिवार की बात
इस समय में सभी करना चाहते हैं अपनी सीमाओं का अतिक्रमण
वो सब बनना चाहते हैं, वो जो नहीं हैं,
दिखना चाहते हैं, जो वे नहीं हैं।''

□

माध्यम और साहित्य सृजन की चुनौतियाँ

किसी भी देश–काल, समय में लेखक बिना किसी अवशेष के लेखन करता हो, ऐसे उदाहरण विरले ही होंगे। जो लेखक अपने समय के साथ सृजन कर रहा हो, जो अपने समय की सच्चाइयों का दस्तावेजीकरण कर रहा हो, उसे किसी भी तरह की सत्ता प्रभावित न करे, ऐसा संभव नहीं है। चूँकि समाज हमेशा से अपने समय का प्रामाणित दस्तावेज ही पढ़ता रहा है, ऐसे में लेखक की दृष्टि पहले सांस्कृतिक संक्रमण को आत्मसात् करती है और फिर सांस्कृतिक संक्रमण के साथ ही साहित्य की सांस्कृतिक सतयात्रा शुरू होती है। सांस्कृतिक संक्रमण और साहित्य सृजन के बीच का संबंध स्त्री के गर्भधारण और प्रसव की प्रक्रिया की तरह है।

सांस्कृतिक संक्रमण की स्थिति में नई और पुरानी संस्कृतियों में जरबदस्त टकराहट होती है और बाद में यह साहित्य सृजन में अभिव्यक्त होता है। जितने भी बड़े लेखक हुए हैं, उन्होंने अपने समय पर अतिक्रमण किया है। सांस्कृतिक संक्रमण के बाद ही नए सांस्कृतिक मनुष्य का उदय हुआ और इसी नए मनुष्य ने, जिसे हम लेखक, रचनाकार, कुछ भी कहें, साहित्य सृजन को नए आयाम दिए। अगर हम सांस्कृतिक संक्रमण और साहित्य सृजन की बात करें तो यह बात प्रमुखता से आती है कि सांस्कृतिक संक्रमण तो लेखक के सामने हमेशा से रहा है। वह साफ–साफ नहीं दिखता। अकसर वह दबे पाँव आता है और उसे सचेत दृष्टि से ही पहचाना जा सकता है। रचना में उसका रूपांतरण और अधिक संचेतना एवं सावधानी की माँग

करता है। हर लेखक को अपने समय के संक्रमण से जूझना पड़ता है। मुख्य धारा के खिलाफ हर समय लड़ना पड़ता है। अगर हम हमारे समय की बात करें तो यह समय छलावा भरा, व्यंजनापूर्ण समय है। हमारा समय एक नई गुलामी का समय है। अब शत्रु दृश्य में भी हैं और अदृश्य में भी हैं। बाजार विज्ञापन के जरिए हमें अपने अनुकूल करने का प्रयास कर रहा है। हमारी आवश्यकताओं का निर्धारण करनेवाली शक्तियाँ बाहरी हैं। आज के समय में आपको जो पढ़ाया जा रहा है, उसमें संक्रमण इस तरह का है कि उपभोग की चीजों के लिए विज्ञापन के द्वारा जबरदस्ती हो रही है और हमारे जैसे लोग उसे अनुग्रह, आग्रह समझ रहे हैं। यह जरूरी नहीं है कि जो हम पढ़ना चाहते हैं, वही हमें पढ़ने को मिल रहा है, बल्कि पूरी चालाकी के साथ विज्ञापनों, प्रचार माध्यमों के जरिए हमें वह पढ़ाया जा रहा है, जो हमारे लिए बहुत जरूरी नहीं है। हैरी पॉटर इसका सबसे बड़ा उदाहरण है। प्रभाकर चौबे की इस धारणा से मैं सहमत नहीं हूँ कि समाज हमेशा से अपने समय का प्रमाणित दस्तावेज ही पढ़ता रहा है। मुझे लगता है कि बाजार किसी भी शक्ल में उपस्थित रहकर उसी चीज को पढ़ाने-खरीदने की माया रचता है, जो उसे लाभ पहुँचा सकता है। इसका सबसे बड़ा उदाहरण हम अपनी फिल्मों के रूप में देखते हैं।

आज हमारी फिल्में एन.आर.आई. को ध्यान में रखकर बनाई जा रही हैं। उससे आम आदमी पूरी तरह गायब है। सामाजिक प्रतिबद्धता की दुहाई देनेवाला लेखक वही लिख रहा है, जो उससे लिखवाया जा रहा है। फिल्मों की मार्केटिंग ऐसी हो गई है कि वह तीन दिन के अर्थशास्त्र पर टिकी है। डिस्ट्रीब्यूटर सारा पैसा एक साथ फिल्म को रिलीज कर वसूल लेना चाहते हैं। अभी हाल में आई 'जोधा-अकबर' के माध्यम से आशुतोष गोवरीकर 'अकबर' की छवि को एक प्रेमी, एक सेकुलर व्यक्ति की छवि के रूप में प्रस्तुत करने के लिए उसे हिंदू रियाया के प्रति उदार बताते हुए उसका विवाह जोधा से करवाते हैं। उसे हिंदुओं के देवी-देवताओं, रीति-रिवाजों के संरक्षणकर्ता के रूप में प्रस्तुत करते हैं; किंतु वे उस बाबर की बात नहीं करते, जिसकी छवि हमारे यहाँ एक अहिंदूवादी और सांप्रदायिक-क्रूर शासक की है। जब

हम प्रामाणिक दस्तावेज की बात करते हैं, तो हमारे सामने बाबर द्वारा अपने पुत्र हुमायूँ को लिखी अपनी निजी वसीयत कहती है कि—

'ओ मेरे बेटे—हिंदुस्तान में विविध धर्मों के लोग रहते हैं और हमें ईश्वर का शुक्रगुजार होना चाहिए कि राजाओं के राजा ने इस देश का शासन तुम्हें सौंपा है। इसलिए तुम्हारे लिए यह उचित होगा कि—

1. तुम्हें चाहिए कि तुम धार्मिक पूर्वग्रहों को अपने मन पर असर न डालने दो और जनता के सभी वर्गों की धार्मिक संवेदनशीलताओं तथा धार्मिक रीति-रिवाजों को उचित सम्मान देते हुए निष्पक्ष न्याय करो।
2. विशेषकर गोवध से दूर रहो, इससे तुम्हें भारत के लोगों के दिलों में जगह पाने में मदद मिलेगी। इस तरह तुम देश के लोगों को कृतज्ञता के बंधन द्वारा अपने साथ बाँध सकोगे।
3. तुम्हें कभी किसी संप्रदाय के उपासनास्थल को नष्ट नहीं करना चाहिए और हमेशा न्यायप्रिय होना चाहिए, ताकि बादशाह और उसकी रियाया के बीच संबंध स्नेहपूर्ण बना रहे और देश में शांति और स्नेह बना रहे।
4. बेहतर होगा कि इस्लाम का प्रसार दमन की तलवार की बजाय प्रेम और कर्तव्य की तलवार के जरिए किया जाए।
5. शियाओं और सुन्नियों के बीच के मतभेदों को हमेशा अनदेखा करना, वरना वे इस्लाम को कमजोर करेंगे।
6. अपनी प्रजाओं की भिन्न-भिन्न विशेषताओं को वर्ष की विभिन्न ऋतुओं की तरह समझना और उनके प्रति वैसा ही व्यवहार करना, ताकि देश की राजनीति रोगों से मुक्त बनी रहे।'

मुक्तिबोध के कला के तीसरे क्षण को याद करते हुए यदि हम लेखन प्रक्रिया पर विचार करें तो हमारे सामने यह बात साफ होगी कि नई पीढ़ी के सामने कौन सा प्रामाणिक दस्तावेज रखा जाए, जोधा अकबर या बाबर की निजी वसीयत!

लेखक जिस सामाजिक वातावरण में जीता और कार्य करता है, उसमें

और उसके साहित्य के बीच एक सीधा और यांत्रिक संबंध ढूँढ़ने का प्रयास निश्चय ही हास्यास्पद होगा। विचारों की रचना प्रक्रिया इससे कहीं अधिक जटिल होती है। यह सोचना भी उतना ही बेतुका होगा कि लेखक महज एक नकलची होता है, जो अपने प्राकृतिक और सामाजिक वातावरण को दर्पण की भाँति प्रतिबिंबित करके रख देता है। अन्य भौतिक और बौद्धिक रचनात्मक क्षेत्रों में लगे लोगों की ही तरह, लेखक का भी एक व्यक्ति के रूप में अपना निजी व्यक्तित्व होता है, जो कि उसकी रचना पर छाप छोड़ता है। यही कारण है कि एक ही प्राकृतिक तथा सामाजिक वातावरण विभिन्न प्रकार के लेखकों को विकसित करता है और यहाँ तक कि एक ही लेखक भिन्न-भिन्न स्तर की रचनाएँ प्रस्तुत करता है।

एक लेखक से संक्रमण के विरोध की उम्मीद रचना के स्तर पर की जानी चाहिए। वह अपनी रचना में किन कलात्मक औजार के साथ भिड़ता है, यह उसकी विशेषता होगी। जब कोई लेखक लिखने बैठता है तो वह अपने पूर्वग्रह और अति आग्रह को छोड़कर लिखता है। तभी उसका लेखन प्रामाणिक हो सकता है। यदि वह लेखक पूर्वग्रह से बँधा है तो उसका लेखन प्रामाणिक और दूरगामी भी नहीं होगा।

मार्क्सवाद-लेनिनवाद उन लेखकों के अस्तित्व को मान्यता देता है, जो सचेत रूप से क्रांतिकारी आंदोलन से प्रतिबद्ध न होते हुए भी एक लेखक के रूप में क्रांतिकारी विचारों को, अनजाने ही सही, अभिव्यक्ति देते हैं। दूसरी ओर ऐसे लेखक भी होते हैं, जो व्यक्तिगत स्तर पर क्रांतिकारी विचारधारा से प्रतिबद्ध होते हैं, किंतु लेखक के रूप में उस विचारधारा को अभिव्यक्ति देने में असमर्थ होते हैं। इसलिए किसी लेखक की क्रांतिकारी या प्रतिक्रियावादी विचारधारा के प्रति व्यक्तिगत प्रतिबद्धता और एक लेखक के रूप में उसकी रचना के वस्तुनिष्ठ प्रभाव के बीच अंतर हो सकता है।

साहित्य में उन्होंने व्यक्तिनिष्ठ और वस्तुनिष्ठ के बीच एक विभाजन रेखा खींची थी। संगठित प्रगतिशील लेखकों ने पूँजीवाद के खिलाफ चल रहे विश्वव्यापी संघर्ष से प्रेरणा ली और सचेत रूप से अपने को तथा अपनी रचनाओं को उससे जोड़ा। क्रांतिकारी आंदोलन के दौरान दो प्रकार के तबकों

के बीच हमेशा ही तीव्र संघर्ष चलाया जाता रहा है। एक तरफ अपने सृजन कार्य को समाज के क्रांतिकारी संघर्षों को बढ़ावा देने के लिए पूर्णतः समर्पित कर देनेवाले लेखक रहे हैं और दूसरी ओर उस गति को सृजन की स्वतंत्रता के नाम पर अवरुद्ध कर देनेवाले व्यक्तिवादी लेखक हैं। यही कारण था कि गोर्की जब भी सर्वहारा के क्रांतिकारी साहित्य सिद्धांत से हटने लगते थे, लेनिन को गोर्की के भटकावों से संघर्ष करना पड़ता था।

यह निर्विवाद है कि साहित्य को किसी यांत्रिक ढर्रे के अंतर्गत एक ही लाठी से नहीं हाँका जा सकता। सामाजिक, धार्मिक, वैचारिक, राजनीतिक और नैतिक, सब तरह के संक्रमण लेखक के सामने हर समय उपस्थित रहते हैं। कई बार वैचारिक प्रतिबद्धता से जुड़ा लेखक अन्य लेखकों की तुलना में ज्यादा भ्रमित हो सकता है, जिस तरफ वह देखता रहा है, वह जगत् शून्य में बदलता दिखाई देता है।

सवाल यह है कि क्या लेखकों के आपसी संबंध संक्रमणग्रस्त नहीं हैं? यह विचारणीय है। अपने समय की चुनौतियों का मुकाबला करनेवाला लेखक आपस में एकजुट नहीं है। जाहिर है, चुनौतियाँ और ज्यादा कठिन हो जाती हैं। हमारे आस-पास की बात करें तो हमें नक्सलवादी आंदोलन दिखाई देता है। इस आंदोलन से सहानुभूति रखनेवाले, आदिवासियों के उत्थान की बात करनेवाले बुद्धिजीवी, लेखक, एक्टिविस्ट और लड़ाकू कार्यकर्ता आज उसी आदिवासी के खिलाफ लामबंद दिखाई देते हैं। किन्हीं भी चालाकियों की वजह से ऐसा हुआ हो, किंतु अंततः दोनों ओर से मारा तो आदिवासी ही जा रहा है। हमारे समय में नेता प्रदेश, पार्टियाँ बहुत सारे लेखकों के लिए आईकॉन के रूप में थीं, उनका स्वर भी पूँजीवाद के पक्ष में दिखलाई पड़ता है। उनकी जनपक्षधरता किस ओर है, यह सिंदूर, नंदीग्राम और बड़े नेताओं के हालिया बयान से साफ दिखती है। प्रतिबद्धता से जुड़े, वैचारिकता से जुड़े लेखक के सामने संकट है कि वह किस मॉडल को स्वीकार करे!

ई.एम.ए. नंबूदरिपाद अपनी पुस्तक 'कला साहित्य और संस्कृति' के माध्यम से कहते हैं कि पूँजी की सत्ता पर आधारित समाज में, जहाँ मेहनतकश जनता गरीबी में जी रही हो और मुट्ठी भर अमीर लोग दूसरों की कमाई पर

पल रहे हों, सच्ची और असली स्वतंत्रता हो ही नहीं सकती। दूसरी ओर लेनिन कहते हैं कि साहित्य 'वास्तविक रूप में स्वतंत्र' तभी हो सकता है, जब वह खुलेआम सर्वहारा के साथ जुड़े। सर्वहारा से जुड़ा हुआ साहित्य स्वतंत्र साहित्य इसलिए होगा कि वह ऊपर के तबके के दस हजार ऊबे हुए भारी पतन के रोग से पीड़ित लोगों के लिए नहीं, बल्कि उन करोड़ों मेहनतकशों के लिए होगा, जो देश की शोभा, उसकी शक्ति, उसका भविष्य हैं। वही स्वतंत्र साहित्य होगा, जो मानव जाति के सर्वाधिक अग्रगामी क्रांतिकारी चिंतन को समाजवाद, सर्वहारा वर्ग के अनुभव तथा जीवंत कार्यों द्वारा समृद्ध बनाएगा।

इसी तरह संप्रेषणीयता का दूसरा सशक्त माध्यम सिनेमा है। इस माध्यम में भी साहित्य की तरह संकट और चुनौतियाँ हैं।

साहित्य और सिनेमा का कुछ अजीब सा द्वंद्वात्मक रिश्ता है। दोनों के बीच कला का द्वंद्वात्मक रिश्ता प्रकट होता है। अच्छे साहित्य पर जब भी फिल्में बनीं, प्रायः असफल रहीं। माध्यम का बदलाव दृश्य के रचाव के लिए साहित्यिक रचना से बनावट और बुनावट में अंतर के कारण परिवर्तन की अनिवार्यता देखता है, जिसे चालू साहित्यिक भाषा में रचना से छेड़छाड़ कहा जाता है। कथा-रचना में भाषा की बड़ी भूमिका होती है, जबकि फिल्म में प्रस्तुति की अहम भूमिका है। 'नायक के मन में उलझन के बवंडर उठ रहे थे' या 'नायिका दुःख के सागर में डूबी हुई थी' या 'खुशी के मारे उसका दिल बल्लियों उछल रहा था' जैसे वाक्यों के फिल्मीकरण में निर्देशक को माध्यम के बदलाव की चुनौती के लिए जरूरी बदलाव करने पड़ेंगे, क्योंकि निर्देशक को भाषा का फिल्मी रूपांतरण दृश्य माध्यम में करना है। फिल्म में भाषा नहीं, दृश्य की कलात्मक प्रस्तुति जरूरी है, जो दर्शकों की संवेदना से सीधा संबंध स्थापित करे। हिंदी साहित्य का एक दिलचस्प पहलू यह भी है कि हमारे यहाँ बुद्धिजीवी फिल्में देखते तो हैं, लेकिन उस माध्यम की चुनौतियों की अनदेखी करते हैं।

सिनेमा हमारे समय की एक ऐसी कला है, जो दर्शकों से सीधे और तुरंत संबंध स्थापित करती है। उनके संवेदन को स्पर्श करती है, जबकि

साहित्य के लिए यह उतना आसान नहीं होता है। माध्यम की आधी-अधूरी समझ या साहित्य के फिल्म में रूपांतरण के लिए होनेवाले कथा-बदलाव को लेकर एक गैर-जरूरी जिद के कारण अनेक लेखक फिल्मी दुनिया में असफल हुए। देश के साहित्य वर्ग का एक बड़ा हिस्सा हर कालखंड में सिनेमा की ओर आकृष्ट हुआ और असफल प्रमाणित हुआ। कमलेश्वर और राही मासूम रजा इस सफलता के बड़े उदाहरण हैं। राही मासूम रजा ने तो महाभारत को टी.वी. धारावाहिक के जरिए जन-जन तक कुछ इस तरह से पहुँचाया, जैसे महाभारत फिर से लिखी जा रही है। अपनी ओर से महाभारत की कथाओं को कुछ ऐसे समकालीनता से जोड़ा कि महाभारत और अधिक प्रभावी और प्रासंगिक लगने लगी। उन्होंने महाभारत को सिनेमाई भाषा और समकालीन संदर्भ, जो महाभारत काल की परिस्थितियों से जुड़े हैं, कुछ ऐसे प्रस्तुत किया कि महाभारत की गाथा अतीत और वर्तमान के बीच पाठकीय मानस के लिए आवाजाही के लिए एक सुगम मार्ग में तब्दील हो गई। इसी तरह के प्रयासों में कई फिल्में जैसे विमलराय की देवदास, परिणिति, आँधी ने दोनों माध्यमों के बीच लेखक और फिल्म निर्देशकीय कला का अद्‌भुत समन्वय प्रस्तुत किया। इसी तरह के प्रयासों में पाठकीय मानस में सौंदर्यानुभूति और यथार्थ के विस्तार का एक संवेदन प्रयास निर्मित हुआ।

कुछ लेखक इसमें असफल हुए, इस कारण वह अन्य कारणों से भी इस भ्रांति को बल मिला कि साहित्यिक कृति का सिनेमा में रूपांतरण असंभव है या फिर सिनेमा एक सस्ता, चालू और स्तरहीन माध्यम है। एक गैर-जरूरी घृणा और परहेज साहित्य की दुनिया में फैल गया। होना तो चाहिए कि सिनेमा को विश्वविद्यालय के पाठ्‌यक्रमों में शामिल किया जाना चाहिए अन्यथा तो अभी तीसरे दरजे के लेखक मसाला फिल्में रच रहे हैं और एक ऐसा बनावटी और मायावी यथार्थ फिल्मों में प्रस्तुत कर रहे हैं, जिसका जीवन यथार्थ से कोई संबंध नहीं है। कॉलेज, छात्र, घर-परिवार, लड़ाई-झगड़े एक कृत्रिम यथार्थ के साथ एक नवीन फंतासी में प्रस्तुत हो रहे हैं, जिसमें दर्शकों को अपने जीवन के सुख-दुःख, आपाधापी और संघर्ष से तात्कालिक मुक्ति का अवसर मिलता है।

हमारे यहाँ साहित्य, सिनेमा और समाज को लेकर कोई गंभीर चर्चा कभी नहीं होती है। एक ऐसा परहेज साहित्यिक मानसिकता का हिस्सा हो गया है कि फिल्मों के समाजशास्त्रीय पहलू को भी अनदेखा करते हैं। साहित्य का पाठक साहित्य की सामान्य समझ रखता है, लेकिन फिल्म का दर्शक फिल्म-निर्माण या दूसरे पहलुओं से नितांत अनभिज्ञ रहता है। फिर भी फिल्में ज्यादा लोकप्रिय होती हैं और साहित्य कम। इन्हीं संदर्भों के बीच साहित्य और सिनेमा के अंतर्संबंध स्पष्ट होंगे।

□

मुक्तिबोध साहित्य पीठ की सार्थकता

राज्य सरकार ने हाल में गजानन माधव मुक्तिबोध को लेकर दो महत्त्वपूर्ण कार्य किए हैं, जिनकी साहित्य जगत् में प्रशंसा हो रही है। राजनांदगाँव स्थित 'दिग्विजय कॉलेज', जहाँ मुक्तिबोध रहा करते थे और जहाँ रहकर उन्होंने साहित्य साधना की, उस स्थान का जीर्णोद्धार कर वहाँ अध्ययन केंद्र की स्थापना की जा रही है। साथ ही 'दिग्विजय कॉलेज' प्रांगण में ही मुक्तिबोध, पदुमलाल पुन्नालाल बख्शी और बलदेव प्रसाद मिश्र की मूर्ति की स्थापना की गई। इसके अलावा राजनांदगाँव में 'मुक्तिबोध साहित्य पीठ' स्थापित करने की घोषणा भी की गई। 'मुक्तिबोध स्मारक समिति' का गठन कर उनके समकालीन शरद कोठारी और रमेश याज्ञिक जैसे लोगों को समिति में रखकर उनके सुझाव अनुसार स्मारक के रख-रखाव की पहल की गई है।

'दिग्विजय कॉलेज' के सेक्रेटरी किशोरीलाल शुक्ल ने मुक्तिबोध का इंटरव्यू लेते समय एक शर्त रखी थी, 'आप अपने मार्क्सवादी सिद्धांत के प्रति पूर्ण आस्था रख सकते हैं और इस लिहाज से यहाँ कोई दिक्कत नहीं होगी, लेकिन विद्यार्थियों पर आप विचारधारा थोपने का कदाचित् आग्रह नहीं रखेंगे।' मुक्तिबोध ने राजनांदगाँव में रहने के लिए शुक्लजी की यह सलाह मान ली, क्योंकि मुक्तिबोध का मानना था कि मार्क्सवाद थोपकर किसी को कम्युनिस्ट नहीं बनाया जा सकता। मुक्तिबोध ने प्रोफेसर पदुमलाल पुन्नालाल बख्शी के साथ कॉलेज की नौकरी करते हुए राजनांदगाँव में कॉमरेड माधवी राय और प्रकाश राय के साथ मिलकर कामगारों के बीच उठने-बैठने का प्लान किया

एवं उनके जीवन तथा उनसे जुड़ी तकलीफों को नजदीक से देखा।

बकौल मुक्तिबोध, "अँधेरा बढ़ जाने पर मैं राजनांदगाँव की एक झोपड़ी में बीड़ी मजदूरों को क्रांति की कहानी सुनाया करता। स्थानीय साथियों ने बीड़ी यूनियन की महिलाओं को पढ़ाने की जिम्मेदारी मुझे दी। कभी मैं गोर्की की आत्मकथा, कभी जूलियस फ्यूचिक की 'फाँसी की तख्ते' से पुस्तक की कहानी सुनाया करता, कभी मार्क्स या लेनिन, यशपाल, आजाद, भगत सिंह, भारद्वाज की जीवनी सुनाता।"

मुक्तिबोध के निवास को स्मारक घोषित करके वहाँ जो अध्ययन केंद्र, लाइब्रेरी बनाने का निर्णय लिया है, उसकी सार्थकता तब और बढ़ जाएगी, जब इस केंद्र में समय-समय पर राष्ट्रीय स्तर के विशेषज्ञों को बुलाकर सेमीनार, गोष्ठी व व्याख्यान आयोजित किए जाएँ। वैसे तो मुक्तिबोध पर बहुत से शोध स्वतंत्र रूप से हुए हैं, किंतु इस केंद्र के माध्यम से शोधार्थियों को प्रोत्साहित करने के लिए मुक्तिबोध के नाम से शोधवृत्ति देकर मुक्तिबोध संबंधी अध्ययन को नई दिशा मिल सकेगी। मुक्तिबोध ने जहाँ बैठकर अपना रचना-संसार रचा है, उसमें जो बिंब, वातावरण उपस्थित हैं, उसे समझने का मौका यहाँ आकर शोधार्थियों को मिलेगा। कविता के नए बिंब खुलेंगे। मुक्तिबोध किस तरह के बिंब रचते थे, उन्हें उसका आभास होगा।

मुक्तिबोध कहा करते थे, "यदि लेखक आज ईमानदार है तो उसे अपने प्रति और अपने युग के प्रति अधिक उत्तरदायी होना होगा। उसे अपनी सौंदर्याभिरुचि के सेंसर्स जरा ढीले करने होंगे, विषय संकलन को स्वानुभूत विवेक के विश्व चेतस हाथों में सौंपना होगा, अभिव्यक्ति क्षमता बढ़ाने के लिए अथक प्रयास करना होगा। अधिक साहस और हिम्मत से काम लेना जरूरी है।"

मुक्तिबोध के नाम से स्थापित होनेवाली 'साहित्य पीठ' का अध्यक्ष किसी प्रतिष्ठित साहित्यकार को बनाया जाना चाहिए। मध्य प्रदेश के सागर विश्वविद्यालय में सन् 1984-85 में स्थापित 'मुक्तिबोध शोध पीठ' के सबसे पहले अध्यक्ष हरिशंकर परसाई थे। उनके बाद कवि त्रिलोचन इस पीठ के अध्यक्ष बने और लंबे समय तक रहे। परसाईजी और त्रिलोचन के सागर में रहने का लाभ वहाँ की साहित्यिक बिरादरी को मिला। मुक्तिबोध के नाम से

राजनांदगाँव में स्थापित होनेवाली 'साहित्य पीठ' को पूरी स्वायत्तता दी जानी चाहिए। इस तरह की पीठ में किसी प्रकार का शासकीय-प्रशासकीय हस्तक्षेप नहीं होना चाहिए। सागर में स्थापित पीठ स्वायत्तता और वित्तीय प्रबंधन नहीं होने की वजह से बहुत सालों तक निर्जीव सी पड़ी रही। इसकी पुनरावृत्ति यहाँ नहीं होनी चाहिए।

'साहित्य पीठ' के माध्यम से मुक्तिबोध की अब तक अप्रकाशित कृतियों का प्रकाशन कराया जा सकता है। मुक्तिबोध के नाम से मध्य प्रदेश में जो आयोजन हुआ करता था, उसे वृहद रूप में अब यहाँ किया जाना चाहिए। मुक्तिबोध पर अब तक हुए शोध और प्रकाशित पुस्तकों को यहाँ के अध्ययन केंद्र में रखा जाना चाहिए। मुक्तिबोध और उनके समकालीनों से जुड़े फोटोग्राफ, पत्राचार, संदर्भ-सामग्री को इस अध्ययन केंद्र में रखा जा सकता है।

छत्तीसगढ़ सरकार की इस बात के लिए मुक्त कंठ से तारीफ की जानी चाहिए कि उसने वह काम किया है, जो मध्य प्रदेश में बरसों से नहीं हुआ। पूर्ववर्ती मध्य प्रदेश के समय हर साल 'मुक्तिबोध-समारोह' तो शासन स्तर से हुआ करता था, किंतु यहाँ से उठनेवाली उनके घर को स्मारक बनाने की माँग को नजरअंदाज कर दिया जाता था। छत्तीसगढ़ की ऐसी हस्तियों, जिन्होंने विभिन्न क्षेत्रों में राज्य का मान बढ़ाया है और जिनको सम्मानपूर्वक याद करने के लिए राज्य सरकार प्रतिवर्ष समारोहपूर्वक पुरस्कार देती है, उसी शृंखला में साहित्य क्षेत्र के लिए गजानन माधव मुक्तिबोध के नाम से पुरस्कार की शुरुआत की जानी चाहिए। इसी तरह की पहल माधवराव सप्रे के नाम से भी की जा सकती है। पत्रकारिता और साहित्य के संबंधों को समझने के लिए सप्रेजी के नाम से भी 'शोध पीठ' या 'साहित्य पीठ' स्थापित किए जाने पर विचार किया जा सकता है।

□

समाज और रचनाधर्मिता

हमारे यहाँ साहित्य को 'समाज का दर्पण' कहा जाता है। हम किसी भी देश, समाज का साहित्य पढ़कर जान लेते हैं कि वहाँ की स्थितियाँ कैसी हैं! वहाँ के समाज, जीवन के भीतर क्या-कुछ घट रहा है! लेखक अपने समय के सच को अपनी लेखनी के माध्यम से प्रकट करता है। एक ओर जहाँ विज्ञान मनुष्य के बाहरी जीवन में परिवर्तन लाता है, वहीं दूसरी ओर साहित्य मनुष्य के अंदरूनी जगत् को प्रभावित करता है।

हम जिस सामाजिक परिवेश में रहते हैं, उसका सीधा प्रभाव हमारे चिंतन, हमारे जीवन पर दिखलाई पड़ता है। हमारे रीति-रिवाज, परंपराएँ, जातिगत संस्कार सभी हमारे चिंतन को प्रभावित करते हैं। साहित्य में इधर पिछले दो दशकों से यह माना जाने लगा है कि जो जिस वर्ग का है, वह व्यक्ति उस वर्ग के दुःख-दर्द, रीति-रिवाजों, परंपरा को, जीवन को बेहतर ढंग से व्यक्त कर सकता है। दलित-विमर्श, स्त्री-विमर्श सभी इसी चिंतन के परिणाम हैं।

एक लेखक के रूप में जब तक हम विराट् नहीं सोचेंगे, हमारा चिंतन भी संकुचित होगा। किसी भी लेखक की पहली पहचान उसकी अपनी रचना होती है। उसके बाद लेखक का व्यक्तित्व, जाति, समाज सामने आता है। कोई जरूरी नहीं कि स्त्रियों के दुःख-दर्द को स्त्री ही भली-भाँति लिख सकती है या किसान की कथा जानने के लिए किसान का बेटा ही होना जरूरी है। कथा-सम्राट् प्रेमचंद जैसे लेखकों ने इस भ्रम को तोड़ा है। यदि

हमारे लेखन में दृष्टि का अभाव है, हम एकांगी, स्वांतः सुखाय लिखते हैं (हालाँकि यह बहुत हास्यास्पद पर है) तो हमारा लिखा हमारे अपने तक सीमित रहेगा, किंतु हम लोकमंगल की कामना से लिखते हैं तो निश्चित ही हमारी संवेदना विस्तार पाकर पूरे भूमंडल तक पहुँच सकती है।

इधर के दिनों में वैसे तो बहुत कुछ लिखा जा रहा है, किंतु उसमें समरसता, पठनीयता और लोकमंगल की कामना जैसी बातें कम ही दिखलाई पड़ती हैं। लेखक अपना भोगा हुआ यथार्थ लिखना चाहता है। यह भोगा हुआ यथार्थ कई बार उन हदों को पार कर देता है, जो समाज ने तय कर रखी हैं। कई बार हमें जान-बूझकर लिखा गया ऐसा लेखन देखने को मिलता है, जिसके पीछे का मकसद किसी विवाद को जन्म देना है। समाज में जो मूल्य, व्यक्ति, प्रतिभाएँ, मापदंड, चरित्र स्थापित हैं, कई बार उनके साथ लेखक खिलवाड़ करते हैं। इतिहास की आड़ लेकर या मिथकों के सहारे ऐसा कुछ लिखा जाता है, जो अपठनीय के साथ-साथ सामाजिक ताने-बाने को भी नुकसान पहुँचाता है। एक लेखक के रूप में हमें यह अधिकार है कि हम जो चाहे लिखें, किंतु हमें यह भी देखना होगा कि हमारा लिखा किसे प्रभावित कर रहा है! कहीं ऐसा तो नहीं कि हमारा लिखा लोकमंगल की बजाय अमंगल के हित में खड़ा दिखलाई दे?

नया लेखक समाज-सापेक्ष लिखे, इसके लिए जरूरी है कि उसे पढ़ने-लिखने, प्रशिक्षण आदि के भरपूर मौके मिलें। स्कूल-कॉलेजों में गोष्ठियों का आयोजन कर लिखने-पढ़नेवालों को प्रोत्साहित किया जाए, लेखन शिविर आयोजित हों। किताबों का आदान-प्रदान हो, समय-समय पर अलग-अलग विषयों पर चर्चा-गोष्ठियाँ हों तो तब जाकर रचनाकार को लिखने के लिए एक नई दिशा और समाज-सापेक्ष चिंतन प्राप्त होगा।

हमारे यहाँ हिंदी में प्रायः अपढ़ साहित्यकार आधुनिक होने के भ्रमित गर्व में भक्तिकाल को आधुनिक साहित्य से कमतर मानता है और उसको पढ़ना समय की बर्बादी मानता है, जबकि आधुनिक साहित्य की आधार भूमि भक्तिकाल ने ही तैयार की है बहुत श्रम के साथ।

भक्तिकाल और समकालीनता की तलाश

समकालीन एक ऐसा पद है, जिसे लेखक—आलोचक हमेशा अपनी सुविधा से कहीं भी संयोजित कर लेते हैं। समकालीनता के सूत्र या कहें जड़ें भक्तिकाल में ही छूटी रह गई थीं या छोड़नी पड़ीं। अदृश्य को रूपाकार, निर्गुण को सगुण बनाने की व्याकुल इच्छा तुलसी और कबीर तक में नजर आती है। दरअसल, भक्तिकाव्य का अभीष्ट इसी व्याकुल ध्येय में समाहित है। भक्तिकाल की रचनाओं में चाहे सूर, तुलसी या कबीर हों, ने अपने अभीष्ट की तत्परता में अभिव्यक्ति को आस्था के झीने आवरण में उसके जीवंत स्पंदन के साथ उसके मूल सौंदर्य में प्रकट किया है। भक्ति का सृजन इस तरह जोड़ना कि वह जन-जन में आस्था का प्रतीक बन जाए, असाधारण काम है। समकालीन साहित्य की दबी इच्छा भी यहीं से प्रकट होने के लिए व्याकुल रहती है। भक्तिकाल की रचनाएँ मात्र आस्था के अतिरेक का प्रचार या काव्य-विनम्रता नहीं है, बल्कि वह सरोकार को एक मार्मिक और सजग काव्य विवेक के साथ अभिव्यक्ति का कारक तत्त्व बनाती है। इसीलिए तुलसी की विनम्र अपेक्षा इसी में समाहित है—

भनिति मोरि सब गुन रहित, बिस्व बिदितगुन एक।
सो बिचारि सुनिहहिं सुमति, जिनके बिमल बिबेक॥

मात्र काव्य विवेक के नकार के साथ तुलसी विमल विवेक का भी आग्रह करते हैं। इसलिए यह असंदिग्ध है कि भक्तिकाल की रचनाएँ व्याकरण और अलंकार चातुर्य का जड़ाऊ प्रकटन है। उन रचनाओं में अपने पूरे समय और समाज को देखने-समझने का उत्सुक ज्ञान था तो कालातीत सत्य के नए प्रभावी उन्मेष का 'विमल विवेक' भी था। भक्तिकाल का वैशिष्ट्य कलात्मक सृजन और सामाजिक चेतना के प्रति अटूट विश्वास और अंतरसंबंधों की निर्भरता भी है। इसी निर्भरता से विलग करने पर हमें एक ऐसा यथार्थ हाथ लगता है, जहाँ मोह की जकड़न में फँसे मनुष्य की स्वतंत्रता की इच्छा भी दबी होती है और इसी के भीतर के एकांत से स्वतंत्रता की ऊर्जा भी हासिल होती है। सृजन, क्रियाशीलता और भक्ति के परस्पर द्वंद्व के बाहर भक्तिकाल की इच्छा अवकाश का अवसर ग्रहण करती है। संभवतः इसी कारण भक्तिकाल

का सृजनकर्म, धर्म और सृजन के पुरातन के विकास की पड़ताल की अपरिहार्य कड़ी है।

भक्तिकाल में लक्ष्य, ध्येय और स्थितियाँ लगभग समरूप भी हैं, लेकिन समकालीन समाज का संघर्ष और सृजन का संघर्ष कभी-कभी पृथक भी नजर आता है। भक्तिकाल में रचनाकार के पास ऐसा कोई संघर्ष नहीं था, जो उसके रचनाकार के भीतर के अंत:संघर्ष के बीच कोई विभाजन रेखा खींचे, अलबत्ता यह जरूर हुआ कि भक्तिकाल ने समकालीन सृजन के लिए ऐसे संकेत जरूर छोड़ दिए थे, जिनमें मानवीय करुणा को एक बौद्धिक पक्षधरता मिली। एक महीन मनोवैज्ञानिक विश्लेषण, समाजशास्त्रीय समझ और संवेदन-आग्रह का परिष्कार समकालीनता की वह तलाश है, जिसे रचनाकार भक्तिकाल के आस्था-सृजन में छिपा देख रहा था। इस तरह समकालीनता की तलाश कोई पृथक् से पद नहीं है, वह भक्तिकाल के केंद्रीय तत्त्व की विकास-यात्रा का एक हिस्सा है।

समकालीनता की चर्चा भी दरअसल भक्तिकाल के सामाजिक संदर्भों को आस्था के प्रतीकों से विलग कर नए संदर्भों में देखने-परखने की उत्सुक और जरूरी इच्छा है। जाहिर है कि तुलसी ने जिस महाकाल की रचना को जीवन का परम ध्येय माना, उसमें अपने समय का सच, समाज और मनुष्य ही नहीं, जीवमात्र के लिए जो गहरी करुणा नजर आती है, वहीं से समकालीनता का प्रस्थान बिंदु तय हो जाता है।

□

संस्कृति और पारदर्शिता

संस्कृति और सत्ता के संबंधों पर लंबे समय से बहस चल रही है। कुछ लोग संस्कृति की स्वायत्तता के पक्षधर हैं, तो कुछ लोग शासन के हस्तक्षेप को ऐतिहासिक अनिवार्यता मानते हैं। विधायकों का एक वर्ग ऐसा भी है, जो न संस्कृति की पूर्ण स्वायत्तता को स्वीकार करता है और न ही राजसत्ता के निरंकुश हस्तक्षेप के अधिकार को। छत्तीसगढ़ सरकार संस्कृति के क्षेत्र में कोई तयशुदा नीति थोपने की पक्षधर नहीं दिखती। राज्य का उद्देश्य परंपराओं व मान्यताओं का समावेश कर उनका पोषण और संवर्धन करना है। राज्य द्वारा घोषित 'संस्कृति नीति-2001' में उल्लिखित तथ्यों के अनुसार राज्य अभिलेखीय व गैर-अभिलेखीय परंपराओं के आधार पर संस्कृति को परिभाषित करेगा।

साहित्यिक-सांस्कृतिक चेतना से संपन्न लोगों में राज्य की इस नीति को लेकर मतभेद है। कुछ लोगों का मानना है कि संस्कृति प्रोत्साहन के नाम पर किस तरह की संस्थाओं को, व्यक्तियों को, कलाओं को प्रोत्साहित किया जाएगा या किया जा रहा है, यह स्पष्ट नहीं है। छत्तीसगढ़ के बुद्धिजीवियों की शासन से माँग है कि सरकार की एक जनवादी संस्कृति नीति हो, न कि विशिष्ट वर्गीय संस्कृति की। छत्तीसगढ़ के सांस्कृतिक परिदृश्य पर नजर डालने से मालूम होता है कि राज्य बनने के उपरांत सांस्कृतिक गतिविधियाँ बढ़ी हैं। राज्य सरकार ने हाल में उर्दू अकादमी की स्थापना की। पूर्ववर्ती मध्य प्रदेश की साहित्य परिषद्, कला परिषद्, आदिवासी लोक कला परिषद्, साहित्य ग्रंथ अकादमी जैसी संस्थाओं से प्रत्यक्ष अथवा परोक्ष रूप से जुड़े

छत्तीसगढ़ के साहित्यकार, रंगकर्मी चाहते हैं कि यहाँ भी कलाओं को प्रोत्साहित करने के लिए इसी तरह के प्रयास हों, किंतु वहाँ जो कमियाँ और खामियाँ उजागर हुईं, उन्हें नए राज्य में शुरू से ही दूर रखा जाए। छत्तीसगढ़ के मौजूदा साहित्यिक, सांस्कृतिक परिदृश्य की पड़ताल करने पर हम पाते हैं कि राज्य-निर्माण के बाद यहाँ की साहित्यिक, सांस्कृतिक गतिविधियों में इजाफा तो हुआ है, किंतु अभी भी यहाँ के साहित्यकार, कलाकार और साहित्य-प्रेमी बहुत संतुष्ट नहीं हैं। राज्य बनने के बाद संस्कृति विभाग के सहयोग से जो सर्वाधिक लोकप्रिय कार्यक्रम हुए, उनमें विभिन्न राज्यों के लोकनर्तक दलों की प्रस्तुति, 13 से 15 दिसंबर, 2002 तक रायपुर में आयोजित तीन दिन का शास्त्रीय संगीत समारोह प्रमुख है। पिछली फरवरी में तैलचित्रों की तीन दिवसीय प्रदर्शनी का आयोजन किया गया, जिसमें यह बात सामने आई कि छत्तीसगढ़ का आदमी शुरू से प्रगतिशील रहा है।

तलचित्रों में बारात में औरतों की मौजूदगी, मत्स्य कन्या के चित्र आदि समाहित थे। इस प्रदर्शनी के माध्यम से छत्तीसगढ़ अंचल के साथ पूरी मानव सभ्यता के इतिहास पर नई रोशनी पड़ी। राज्य अपनी नीति के अनुरूप 'बहुआयामी संस्कृति संस्थान' बनाने जा रहा है। इसके अलावा रायपुर से 20 किलोमीटर की दूरी पर उपरवारा गाँव में 'मुक्ताँगन संग्रहालय' की स्थापना की जा रही है। संस्कृति विभाग सन् 2003 में 'स्वामी विवेकानंद के रायपुर आगमन का 125वाँ वर्ष' मनाने की तैयारी में जुटा रहा। संस्कृति विभाग की उपस्थिति और इतने आयोजनों के बाद भी कला के बहुत से क्षेत्र अब भी उपेक्षित हैं। राज्य की कला-प्रेमी जनता अभी भी 'भारत भवन, रंगमंडल' की उन प्रस्तुतियों की याद करती है, जो उसने राज्य बनने के पहले देखी थीं। 'इप्टा' जैसी संस्था के नाट्य-समारोह को छोड़ दें तो छत्तीसगढ़ बनने के बाद कोई उल्लेखनीय नाट्य आयोजन नहीं हुआ। कोई बड़ा साहित्यिक-सांस्कृतिक आयोजन तेज गरमी में, बारिश का सुख देता है। संस्कृति विभाग को अपना वार्षिक कैलेंडर बनाकर विभिन्न संस्थाओं के साथ मिलकर ऐसे आयोजन करने चाहिए, जो लोगों की साहित्यिक-सांस्कृतिक भूख को शांत कर सकें। प्रदेश में अव्यावसायिक रंगमंच से जुड़े कलाकार

चाहते हैं कि राजधानी, जिला मुख्यालयों व प्रमुख शहरों में सर्वसुविधायुक्त प्रेक्षागृहों का निर्माण विशेषज्ञों की निगरानी में किया जाए। फिलहाल राजधानी और राज्य के अन्य स्थानों पर ढंग का एक भी प्रेक्षागृह नहीं है। जो हैं, वे इतने बेढंगे हैं कि उनमें गंभीर प्रस्तुति संभव नहीं है। नाटकों को छत्तीसगढ़ी फिल्मों की तरह मनोरंजन कर से मुक्त भी नहीं रखा गया है। यह अलग बात है कि नाटक से इतनी कमाई नहीं होती कि उसके आयोजक कर का भुगतान कर सकें। आयोजकों के सिर पर हमेशा आबकारी विभाग का आतंक बना रहता है। लोककला, संस्कृति आदि पर कार्य करनेवाले लोक कलाकारों को राज्य सरकार पुरस्कार-प्रोत्साहन दे। वयोवृद्ध कलाकारों की जीविका और मुफ्त चिकित्सा की व्यवस्था हो।

प्रदेश के साहित्यकार व कलाकार अभी भी इस बात को लेकर नाराजगी जाहिर करते दिखते हैं कि उन्हें बहुत से आयोजनों में बुलाया ही नहीं जाता। साहित्यिक अभिरुचि के लोग चाहते हैं कि संस्कृति विभाग पारदर्शी तरीके से, लचीलेपन के साथ संवेदनशील होकर कलाकारों की भावना के अनुरूप कार्य करे। कलाकारों, साहित्यकारों को दिए जानेवाले मानदेय के भुगतान में बहुत ज्यादा भेदभाव और गैर-बराबरी न हो। माटी से जुड़े साहित्यकारों, कलाकारों की कोई अद्यतन सूची अथवा डायरेक्ट्री संस्कृति विभाग के पास होनी चाहिए, जिसमें कौन, कब से, किस विधा में कार्य कर रहा है, इसकी जानकारी समाहित रहे। छत्तीसगढ़ लोककला का खजाना है। उसके अभावग्रस्त लोक कलाकारों को संस्कृति विभाग के जरिए 'सम्मान-निधि' मिलनी चाहिए। विभिन्न अवसरों पर सम्मान के साथ उन्हें बुलाया जाना चाहिए।

□

यथार्थ और उपन्यास : एक टिप्पणी

यह विषय ही अपने आप में कुछ अधूरा और सूनापन लिये हुए है। किसी भी भाषा में संभवत: कोई भी ऐसा उपन्यास नहीं होगा, जिसमें जीवन यथार्थ न हो। यथार्थ दरअसल एक ऐसा पद है, जिसमें संभव की उपस्थिति बनी रहती है। हालाँकि ऐसे अनेक उपन्यास हैं, जो फंतासी में रचे गए और यथार्थ की सांकेतिक उपस्थिति भी कायम रखी। विनोद कुमार शुक्ल के उपन्यास इसके बड़े उदाहरण हैं। दिक्कत वहाँ पैदा होती है, जब लेखक संभव से नाता तोड़कर, खासकर इस जटिल समय और समाज में किसी अदेखे, अप्राप्य को रचना का यथार्थ बनाने की कोशिश करता है। कुछ हद तक कृष्ण-बलदेव वैद इसी वृत्त में अजाने ही आ जाते हैं।

कुछ उपन्यासों में लंबे-लंबे वैचारिक और सैद्धांतिक व्याख्यान संवादों की शक्ल में आते हैं, जिसे जीवन यथार्थ के विकल्प की तरह प्रस्तुत किया जाता है। गुरुदत्त का अधिकांश लेखन ऐसी ही विवेचनाओं और व्याख्याओं से भरा है। दरअसल जीवन तो यथार्थ के रूपांतरण की अनिवार्यता में आता है, जिसमें परिवेश की स्थानीय छवियों का दखल भी होता है। यथार्थ का आग्रह हमेशा उपन्यास और संवेदन आवेग में संतुलन और उसकी मानवीय मार्मिकता के प्रकटीकरण में है। गोर्की से लेकर प्रेमचंद तक उनके उपन्यासों के शक्ति-स्रोत जीवन यथार्थ का औपन्यासिक रूपांतरण की दक्षता है। वह स्थानीयता का सहज समावेश, जो उपन्यास की गति को दिशा भी देता है और धार भी।

बगैर जीवन यथार्थ के सहज औपन्यासिक रूपांतरण के उपन्यास तमाम

बातों के बावजूद अपनी संप्रेषणीयता और सहज पठनीयता भी खो देता है। प्रेमचंद, रेणु, यशपाल या शरतचंद्र के पात्र पाठकीय संवेदन भूमि के साथ एक मार्मिक गीला रिश्ता कायम करते हैं, लेकिन उपन्यास की रचनात्मक जरूरत को खत्म किए बगैर। उपन्यास के जीवन यथार्थ का काम पात्रों को उनकी सहज शक्ति या परिवेश उपलब्ध कराना होता है, उसके प्रति एक किस्म की भावुक आस्था कायम करना नहीं।

उपन्यास एक ऐसा विस्तार लिए रचना होती है, जिसमें अपने समय और समाज की जीवंत उपस्थिति कुछ इस तरह अवस्थित हो कि उपन्यास जीवन यथार्थ का रिपोर्ताज नहीं, बल्कि जीवन का एक मार्मिक दस्तावेज बन जाए, ऐसा दस्तावेज, जो पठनीयता की सुरक्षा की जिम्मेदारी भी ले और पाठकीय मन के संतोष को उस जगह तक ले जाए, जहाँ उसे उपन्यास के यथार्थ में अपने परिवेश के दर्शन की प्रसन्नता मिले। उपन्यास में रंजकता से तो प्रेमचंद भी सहमत थे। उपन्यास के विस्तार में उसके आशय कुछ इस तरह निहित हों कि परंपरागत औपन्यासिक संरचना को ध्वस्त करके या उसके बगैर भी यथार्थ की सुरक्षा से वह लापरवाह न हो। हालाँकि लगभग हर उपन्यास का यथार्थ प्रचलित संरचना के लिए चुनौती के प्रयास करता है। जो इसमें सफल हो जाती हैं, वे कृति देर तक और दूर तक पाठकीय संवेदना का हिस्सा होती हैं। प्रेमचंद के पास यह कौशल अद्‌भुत रूप से था, जिससे वे अनभिज्ञ भी नहीं थे। उनके पात्र कभी भी कथा का अतिक्रमण नहीं करते थे, इसलिए प्रेमचंद के उपन्यास जीवन यथार्थ के ज्यादा निकट और सहज लगते हैं।

□

पत्रकारिता : एक संदर्भ

पत्रकारिता अब कोई सार्थक उद्‌देश्यों से भरा पावन कर्म नहीं रह गया है। वह एक उद्योग में तब्दील हो चुकी है। सामान्य पाठक या कहें जनता के प्रति पवित्र कही जानेवाली पत्रकारिता के प्रति उसने अपनी जवाबदेही खत्म कर ली है। संपन्न वर्ग और राजनीतिज्ञों के चेहरे पर इस नई पत्रकारिता से उपजे भय से आज की पत्रकारिता सार्थक आनंद नहीं, एक निर्मम दंभ से भर जाती है। इसीलिए आज चाहे प्रिंट मीडिया हो या इलेक्ट्रॉनिक मीडिया, दोनों में इस भय के व्यावसायिक उपयोग के लिए प्राय: भय निर्माण भी किया जाने लगा है।

दुनिया में संभवत: दस हजार से अधिक भाषाएँ हैं। चीनी भाषा के बाद अंग्रेजी और तीसरे नंबर पर सबसे ज्यादा वापरी जानेवाली भाषा हिंदी है। हिंदी पत्रकारिता के पाठक सर्वे में मालूम हुआ है कि यह संख्या अंग्रेजी-पाठक संख्या से लगभग तीन गुनी यानी 3 करोड़ से अधिक है।

इस नई पत्रकारिता ने नया पाठक वर्ग भी गढ़ा है। एक नया सूचना समाज तैयार किया है, जिसमें अखबार के लिए पाठकीय भूख पैदा की है। इन दिनों भारत से ठीक-ठाक ढंग से निकलनेवाले लगभग पचास के करीब अखबार हैं, जिनमें पत्रिकाएँ भी शामिल हैं।

एक गुंजाइश अभी भी बची है, जिसमें पत्रकारिता के एक बड़े उद्योग में तब्दील हो जाने के बावजूद समाज निरपेक्ष नहीं रह सकती है। इसलिए इस ग्लोबल समय में बुद्धिजीवियों को जितना नई पत्रकारिता के तेवर और लोभी-चतुराई को समझना है, उतना ही जरूरी पत्रकारिता के लिए है कि वह

बदलते समय की नई चुनौतियों, नियम और पाठकीय/दर्शकों की इच्छा और अपेक्षा को समझे।

अब अखबार 'विचार' प्रमुख नहीं रह गए हैं। सामाजिक प्रतिबद्धता को तो मीडिया कब से अलविदा कह चुका है। आज का मीडिया जितना राजनीतिक आग्रहों से संचालित होता है, उससे कहीं अधिक प्रतिस्पर्धा और निजी लाभ के गणित तैयार होने लगे हैं। ऐसा लगता है, जैसे यह सदी अपने साथ सूचना-युद्ध के नाद को साथ लेकर आई है। सूचना तंत्र अब विश्व-इकोनॉमी को संचालित कर रहा है या इसमें बड़ी भूमिका अदा कर रहा है। पृथक् से एक स्वतंत्र सूचना का अस्तित्व एक भ्रामक शब्दावली में शामिल हो गया है।

आज लगभग अधिकांश अखबार इंटरनेट पर उपलब्ध हैं। 'दैनिक भास्कर', 'नई दुनिया', 'जनसत्ता' आदि अभी दाखिल हुए हैं, लेकिन अंग्रेजी के अखबार 'टाइम्स ऑफ इंडिया', 'द हिंदुस्तान टाइम्स', 'इंडियन एक्सप्रेस' पिछली सदी में ही इंटरनेट की दुनिया का हिस्सा हो गए थे। इंटरनेट के आने से प्रिंट मीडिया को परोक्ष में कोई खतरा नहीं है, लेकिन खबर से लेकर विज्ञापन तक का स्वरूप बदला है। प्रिंट मीडिया का पुराना स्वरूप, संरचना, लेआउट से लेकर भाषा तक बदल चुकी है। इंटरनेट ने सेंसर जैसे अनिवार्य दखल को खत्म कर दिया है। भूमंडलीकरण दरअसल बहुराष्ट्रीय कंपनियों (एम.एन.सी.) की साम्राज्यवाद को लेकर एक प्रबल और प्रमुख महत्त्वाकांक्षा है। उन्होंने सिर्फ शहरों को नहीं, कस्बों और गाँवों की दबी-छिपी पूँजी को बाजार के चक्र में चलायमान किया है। बहुराष्ट्रीय कंपनियों ने अपनी साम्राज्यवादी इच्छाओं को एक अनिवार्य व्यवस्था में तब्दील कर विश्वसनीय भी बना दिया है। उनके इस काम में मीडिया की प्रमुख भूमिका रही है।

दरअसल, इन दिनों मीडिया देश की सामान्य जनता की इच्छा, जरूरत और संकल्प को इतनी चतुराई से बदल रहा है कि वे अनचाहे उस बाजार के हवाले हो रहे हैं, जो पहले ही मीडिया के अधिकांश हिस्सों को हथियाए हुए हैं। नैतिकता की सबसे ज्यादा दुहाई देनेवाले मीडिया को अब लोकतंत्र की चिंता नहीं है। संपादक अब विचारक नहीं, मैनेजर की जरूरत पूरी कर रहा

है। जो देश की नई आर्थिक अवधारणाओं के चलते भूमंडलीकरण की लहर में खबर को एक उत्पाद में बदलने में निर्लज्ज और बेहिचक कोशिश करने में सफल हो रहा है।

इस नए दौर के लोकतंत्र में मीडिया का केंद्रीय महत्त्व बढ़ गया है। राजनीति मीडिया पर आधारित है और मीडिया अपनी इस सत्ता-शक्ति का अपने व्यापार हित में पूरा लाभ उठा रहा है। वह राजनीति में नियामक की स्थिति में आ गया है। मीडिया के सत्ताधिकार की इच्छा ने राजनीति के चरित्र को संचालित करने या बनाने-बिगाड़ने का ऐसा संकल्प ले लिया है, जो एक ओर सामान्य जन में विश्वसनीय है तो दूसरी ओर व्यापार-लाभ के दरवाजे खोल रहा है। यही कारण है कि राजनीति की मर्यादा और नैतिकता टूटने में आज जरा भी देर नहीं लगती है। आज राजनीति और मीडिया के बीच एक ऐसा गठबंधन है, जो गरम बहस और एक उत्तेजक लड़ाईनुमा साक्षात्कार के नाटक के साथ एक-दूसरे का हित-साधन है। मीडिया ने स्वयं को जनमानस तक राजनीति को पहुँचाने का निर्वैकल्पिक रास्ता बना दिया है। वह राजनीति को सूचना में बदलकर व्यापार का हिस्सा बना रहा है। मीडिया ने एक ऐसा यथार्थ रचा है, जो आपकी मरजी मुताबिक उसे स्थिर और अस्थिर बनाता है। मीडिया को यदि उद्योग रूप से बाहर लाया जाए और उसकी बाजार में दाखिल होने की इच्छा को खत्म किया जा सके तो मीडिया एक बड़े सकारात्मक रूप में और बड़ी शक्ति के रूप में नजर आएगा।

□

छत्तीसगढ़ का पाठ्यक्रम और हिंदी

मध्य प्रदेश से आज से दस साल पहले अलग हुए 1 नवंबर, 2000 को बने 'छत्तीसगढ़' ने आज भाषा के स्तर पर अपनी अलग कोई पहचान स्थापित नहीं की है। अलबत्ता राज्य सरकार ने 'छत्तीसगढ़ी राजभाषा परिषद्' का गठन करके छत्तीसगढ़ी को राजभाषा बनाने की फौरी रस्म जरूर निभाई है। डर है कि इसका हश्र भी हिंदी को राजभाषा का दरजा दिए जाने के बाद हुए परिणाम जैसा न हो। गत वर्ष से स्कूली पाठ्यक्रम में समेकित पाठ्य पुस्तकों में स्थानीय बोली के नाम पर छत्तीसगढ़ी, सरगुजिहा, गोंड़ी (कांकेर), हल्बी, कुड़ूख, गोंड़ी (दंतेवाड़ा) आदि बोली के चार-चार पाठ समाहित किए गए हैं, शेष पुस्तकें हिंदी में ही हैं। देश के अन्य हिंदीभाषी राज्यों की तरह छत्तीसगढ़ में भी हिंदी में ही कामकाज होता है। स्कूलों में भी अधिकांश बच्चे हिंदी भाषा में ही पढ़ाई-लिखाई करते हैं, किंतु केंद्र से पत्र-व्यवहार, न्यायालयीन काम-काज अंग्रेजी में ही होता है।

जब हम हिंदी की वर्तमान स्थिति की बात करते हैं तो हमें थोड़ा इसके इतिहास में भी जाना होगा। आचार्य रामचंद्र शुक्ल ने 'हिंदी साहित्य का इतिहास' का लेखन करते हुए आदिकाल, जिसे 'वीरगाथाकाल' का नाम भी दिया गया है, सन् 1050-1375 तक माना है। इसके बाद पूर्व मध्यकाल, जिसे 'भक्तिकाल' भी कहा गया है, सन् 1375-1700 तक, उत्तर मध्यकाल, जिसे 'रीतिकाल' कहा गया है, सन् 1700-1900 तथा आधुनिक काल, जिसे 'गद्यकाल' कहा गया है, सन् 1900-1984 तक माना है। इस समय को कुछ लोग 'उत्तर आधुनिक काल' बताने की कोशिश में लगे हैं।

आचार्य रामचंद्र शुक्ल ने 'हिंदी साहित्य का इतिहास' लिखते समय आषाढ़ शुक्ल 5, 1986 को स्वीकार किया था कि 5-6 साल पहले छात्रों के उपयोग के लिए मैंने जो संक्षिप्त नोट तैयार किए थे, जिनमें परिस्थिति के अनुसार शिक्षित जन-समूह की बदलती हुई प्रवृत्तियों को लक्ष्य करके हिंदी साहित्य के इतिहास के 'कालविभाग' और 'रचना' की भिन्न-भिन्न शाखाओं के निरूपण का एक कच्चा ढाँचा खड़ा किया था।

भिन्न-भिन्न बोलियों, भाषाओं के साथ चलते हुए 'हिंदी' ने अपनी करीब एक हजार साल की यात्रा में काफी थपेड़े झेले हैं। 14 सितंबर, 1949 को संविधान सभा ने एकमत से यह निर्णय लिया कि हिंदी ही भारत की 'राजभाषा' होगी। यही कारण है कि प्रत्येक वर्ष 14 सितंबर को हम लोग 'हिंदी दिवस' मनाते हैं।

आज हिंदी से ज्यादा अंग्रेजी पर राज-काज की निर्भरता टिकी हुई है। आज देश भारत और इंडिया में साफ-साफ विभाजित दिखाई देता है।

हमारे देश की सत्ताधारी सरकारें तथा जिम्मेदार लोग वाकई अपनी 'राष्ट्रीय अस्मिता' के प्रति गंभीर हैं और उन्हें 'राष्ट्रभाषा' की चिंता है तो उन्हें हिंदी को राष्ट्रभाषा बनाने के लिए ठोस प्रयास करने होंगे।

भारत सरकार ने हिंदी के अनुसार भारत को तीन क्षेत्रों में बाँटा है, 'क' क्षेत्र, 'ख' क्षेत्र और 'ग' क्षेत्र।

'क' क्षेत्र में उत्तराखंड, उत्तर प्रदेश, मध्य प्रदेश, राजस्थान, हिमाचल प्रदेश, दिल्ली, बिहार, झारखंड, छत्तीसगढ़, हरियाणा और अंडमान तथा निकोबार द्वीप-समूह आते हैं। संविधान के अनुसार केंद्र सरकार को इन प्रदेशों से संबंधित सारा काम सिर्फ हिंदी में ही करना होगा, पर 1 प्रतिशत मूल काम (अनुवाद नहीं) भी हिंदी में नहीं किया जाता है।

हिमाचल प्रदेश, दिल्ली, हरियाणा और अंडमान तथा निकोबार द्वीप-समूह जैसे राज्य तो अपना सारा काम ही अंग्रेजी में करते हैं, जबकि यहाँ हिंदी का न तो कोई विरोध है, न ही हिंदी जाननेवाले लोगों की कमी। सबसे अजीब स्थिति तो हिमाचल प्रदेश और हरियाणा की है, जो राज्य सिर्फ भाषायी आधार पर पंजाब से अलग हुए थे। आज जहाँ पंजाब का सारा काम पंजाबी में किया

जा रहा है, वहीं उससे अलग हुए ये प्रदेश अंग्रेजी का इस्तेमाल करते हैं।

'ख' क्षेत्र में महाराष्ट्र, गुजरात, अरुणाचल प्रदेश, पंजाब जैसे क्षेत्र हैं, जहाँ हिंदी का कोई विरोध नहीं है। संविधान के अनुसार इन प्रदेशों से संबंधित सारा काम केंद्र सरकार को हिंदी में ही करना होगा, पर मूल पत्रों के साथ अंग्रेजी अनुवाद भी राज्य विशेष के माँगने पर उपलब्ध कराया जाएगा पर स्थिति कमोबेश 'क' क्षेत्र जैसी ही है।

'ग' क्षेत्र में बाकी सारे राज्य आते हैं और इनके संबंध में तो केंद्र सरकार हिंदी के बारे में सोचती तक नहीं।

हमारा देश बहुभाषी है, किंतु संविधान में 29 भाषाओं को स्वीकृति दी गई है। हमने अनजाने में ही सही, अपनी बोलियों के साथ अन्याय किया। इंडियन एक्सप्रेस के एक सर्वे के आधार पर हमारे देश में 780 से अधिक बोलियाँ थीं, लेकिन सन् 2014 तक 250 बालियाँ मर गईं यानी समाप्त हो गईं। हिंदीरूपी सागर में समाहित होने वाली, उसे समृद्ध करनेवाली बोली की नदी का प्रवाह हमने प्रांत और भाषा के छोटे-छोटे बाँध बनाकर रोक दिया, जिसका नतीजा आज यह हुआ कि हिंदी को जितनी तेजी से आगे बढ़ना था, वह उतनी ही तेजी से 'अंग्रेजीयत' मानसिकता के चलते धकियाई जा रही है।

आजादी के बाद क्षेत्रीय राजनीति के चलते जहाँ कुछ राज्यों ने अपनी राजनीतिक रोटी सेंकने के लिए राष्ट्रभाषा हिंदी का विरोध किया, वहीं जिन राज्यों में यह बोली जा रही थी, उन्होंने भी इसकी सहोदर बहनें 'स्थानीय बोली' के साथ भी कोई अच्छा व्यवहार नहीं किया। बोली-भाषा के इस झगड़े में व्यापार की भाषा अंग्रेजी, जो ईस्ट इंडिया कंपनी के साथ यहाँ आई थी, बाजार के विस्तार के साथ इस तेजी से आगे बढ़ी कि अब हमारे महानगरों में यह पूरी तरह से बोल-चाल, कार्य-व्यवहार की भाषा बन गई। अंग्रेजी को मिलनेवाले सम्मान और रोजगार के अवसरों ने पूरे हिंदुस्तानियों को अंतरराष्ट्रीय होने या भाषा के जरिए रोजगार पाने का वह सब्जबाग दिखाया कि गाँव-गाँव में रातोरात कॉन्वेंट स्कूल खुलने लगे। जरा-बहुत भी पढ़ा-लिखा आदमी अपने बच्चे को अंग्रेजी स्कूल में पढ़ाने की अंधी-दौड़ में शामिल हो गया। स्थानीय बोली, भाषा में बोलनेवाला व्यक्ति गँवार तथा अंग्रेजीदा आदमी सभ्य के साथ विद्वान् समझा

जाने लगा। भाषा के नाम पर अपमान और ठगी का कारोबार दिन-प्रतिदिन विस्तारित हो रहा है। बाजार अपने तरीके से नई भाषा गढ़ने में लगा है। इधर के कुछ सालों में नए ग्राहक और नए प्रोडक्ट के जरिए बाजार भाषा के हथियार के साथ स्थानीय बोली, भाषा, विशेषकर हिंदी बेल्ट में घुसपैठ बना रहा है। नए ग्राहक की चाहत ने मजबूरी में ही स्थानीय बोली, भाषा, खासकर हिंदी को बढ़ाया है। टी.वी. पर तेजी से बढ़ते हिंदी के चैनल, समाचार-पत्र, वेबसाइट पोर्टेल इस बात के गवाह हैं कि नए ग्राहक, नए बाजार और लोगों की बढ़ी हुई 'खरीद शक्ति' (परचेजिंग पावर) को देखकर बहुराष्ट्रीय कंपनियाँ, देशी बड़ी-बड़ी कंपनियाँ अपने संचार तकनीक के नए-नए माध्यम से, जिनमें स्थानीय बोली-भाषा भी महत्त्वपूर्ण, कारगर हथियार हैं, से लैस होकर लोगों की जेबें खाली करने में लगी हुई हैं। छत्तीसगढ़ भी इससे अछूता नहीं है।

हिंदी के भविष्य या शैक्षणिक उपयोग की बात यदि हम करें तो नए राज्य छत्तीसगढ़ में हिंदी पढ़नेवालों की संख्या बहुतायत में है। छत्तीसगढ़ के सभी इलाकों में अभी तक हिंदी में ही पठन-पाठन का कार्य होता रहा है। मध्य प्रदेश से अलग होकर नवंबर 2000 में बने छत्तीसगढ़ ने पिछले साल से ही अलग-अलग इलाकों की बोली की ओर ध्यान देना शुरू किया है, किंतु अभी भी यहाँ की मूल पढ़ाई-लिखाई हिंदी में ही होती है। सरकारी स्तर के स्कूल हिंदी माध्यम के हैं। अंग्रेजी की पढ़ाई-लिखाई निजी स्कूलों के जरिए हो रही है। पिछले एक दशक में छत्तीसगढ़ में बड़े पैमाने पर अंग्रेजी स्कूल खुले हैं। बड़े-बड़े नामी-गिरामी स्कूलों ने यहाँ अपनी शाखाएँ प्रारंभ की हैं। जहाँ कहीं भी लोगों के पास थोड़े-बहुत सामर्थ्य, संसाधन और विकल्प उपलब्ध हैं; वहाँ लोग अपने बच्चों को अंग्रेजी माध्यम के स्कूलों में ही पढ़ा रहे हैं। विकल्पहीनता या अंग्रेजी स्कूलों की फीस नहीं भर पाने के कारण मन मसोसकर लोग अपने बच्चों को सरकारी, हिंदीभाषी स्कूलों में भेज रहे हैं। 'अंग्रेजीयत' का भूत इस कदर हमारे ऊपर सवार है कि हमें सारी तरक्की के रास्ते 'अंग्रेजी' से होकर जाते दिखते हैं। हकीकत बिलकुल इसके उलट है। जिसके पास हुनर है, होशियार है और अवसर को भुनाने का सामर्थ्य है, वही उम्मीदवार सीमित अवसरों की नाव पर सवार है। अब धीरे-धीरे लोगों के मन से यह

भ्रम भी दूर होने लगा है कि केवल 'भाषा' के आधार पर उन्हें रोजगार के अवसर मिल जाएँगे। सीमित सरकारी नौकरी के चलते आनेवाले समय में बाबा-बेबी लोगों की भीड़ अंग्रेजी में हेल्प-मी, हेल्प-मी कहते सुनी जाएगी। बाजार उसी को रोजगार/काम देगा, जिसमें बाजार के अनुकूल चीजें बेचने, बनाने का हुनर होगा। हमारी छत्तीसगढ़ी फिल्में इसका सबसे ज्वलंत उदाहरण हैं। केवल बोली, भाषा के नाम पर किसी भी प्रकार का कचरा नहीं खपाया जा सकता। जब तक आपका 'माल' सामग्री या बाजार की भाषा में कहूँ 'प्रोडक्ट' जनता को नहीं लुभाएगा, तब तक उसकी कोई कीमत नहीं होगी। केवल भाषा की वैतरणी के सहारे बाजार के समंदर को पार नहीं किया जा सकता।

हमारे राज्य में सभी बच्चे स्कूल तक जाएँ और अपनी बोली-भाषा में ज्ञान अर्जित करें, इसके लिए कक्षा एक से आठवीं तक के सभी छात्र-छात्राओं को शासन की ओर से निःशुल्क पाठ्य-पुस्तकें दी जाती हैं। आपसी बोल-व्यवहार और पाठ्यपुस्तकों के जरिए ही हमारी भाषा समृद्ध होती है। राज्य के बच्चे अन्य राज्यों के बच्चों की तरह बचपन से ही अपनी बोली-भाषा के साथ अंग्रेजी सीखें, यह प्रयास राज्य बनने के साथ ही प्रारंभ हुआ, किंतु बाद में बच्चों को पढ़ाई-लिखाई में आनेवाली कठिनाई और अंग्रेजी पढ़ाने के लिए प्रशिक्षित शिक्षकों के अभाव को देखते हुए राज्य के छात्र-छात्राओं को कक्षा एक से पाँचवीं तक में समेकित पाठ्यपुस्तक में अंग्रेजी के साथ स्थानीय बोली और हिंदी पढ़ाई जाती है।

हम अपने राज्य छत्तीसगढ़ में हिंदी और दीगर बोली-भाषा की बात करें तो यह दृश्य अन्य राज्यों की तुलना में बेहतर नजर आता है, चाहे हम अभी भी भदेस माने जाते हैं, लेकिन हमने अपनी बोली-भाषा को सँभालकर रखा है। बहुत लंबे समय तक क्या हम इसे सँभाल पाएँगे? यह प्रश्नचिह्न हमारे सामने है। कहीं हमारी बोली-भाषा भी हमारी खनिज और वन-संपदा की तरह चालाक व्यापारियों, उद्योगपतियों के हाथों का खिलौना बनकर हमें 'अमीर धरती के गरीब लोग' के जुमले तक सीमित न कर दे, यह देखना हर जिम्मेदार, जागरूक, छत्तीसगढ़ी-हिंदुस्तानी की जिम्मेदारी है। 'मीडिया' ने बाजार की भाषा को समझकर हिंदी, छत्तीसगढ़ी का क्षेत्रीय भाषा से शुद्धता का आग्रह

लगभग समाप्त कर दिया है। मीडिया धीरे-धीरे अपने लिए एक नए किस्म की भाषा तैयार कर रहा है। इसे लेकर अधिकांश लोगों को कोई गुरेज भी नहीं है। धीरे-धीरे यह भाषा आम बोल-चाल में भी समाहित हो रही है। भाषा वैज्ञानिक कहते हैं कि भाषा हमेशा से कठिन से सरल की ओर प्रवाहित होती है। जो शब्द बोलने में, उच्चारित करने में कठिनाई होती है, जुबान उसकी जगह उसी से मिलता-जुलता शब्द तलाश लेती है।

कक्षा एक से आठवीं तक में हिंदी माध्यम के विद्यार्थियों की संख्या गत शिक्षा सत्र में इक्यावन लाख नब्बे हजार थी, जबकि इसी वर्ष अंग्रेजी माध्यम में मात्र एक लाख पंद्रह हजार तथा उर्दू माध्यम में नौ हजार चार सौ चालीस विद्यार्थी अध्ययनरत थे। आँकड़ों पर यदि हम जाएँ तो पता चलता है कि यहाँ 96-97 प्रतिशत हिंदी माध्यम के विद्यार्थी हैं। हिंदी भाषा में शिक्षा ग्रहण करनेवाले छत्तीसगढ़ राज्य के विद्यार्थियों को अपने पाठ्यक्रम की बेहतर शिक्षा मिल सके और वे सही हिंदी के साथ अपना पाठ्यक्रम पढ़ पाएँ, इसके लिए पाठ्यक्रम में जो सुधार किए जा सकते हैं या जो किए जाने चाहिए, वे हैं—

1. अभी तक राज्य की एन.सी.ई.आर.टी. से तैयार पुस्तकों में व्याकरण संबंधी किसी भी प्रकार की स्वतंत्र पुस्तक नहीं है। इससे विद्यार्थियों की भाषा संबंधी वर्तनी एवं उच्चारणगत अशुद्धियाँ दूर नहीं हो पातीं और वे न तो ठीक से लिख-पढ़ सकते हैं और न ही बोल सकते हैं।
2. वर्तमान में राज्य शासन द्वारा मातृभाषा में शिक्षा देने के उद्देश्य से क्षेत्रीय बोली की पुस्तिकाएँ कक्षा 3 से 8 तक के बच्चों को दी जा रही हैं। इसका एक नकारात्मक पक्ष भी है और वह है कि इससे बच्चों में भाषा के मानक शब्दों एवं उसके उच्चारण में भ्रम पैदा हो सकता है, क्योंकि बोलियों की अपनी अलग शब्दावली एवं उच्चारण होता है, जैसे छत्तीसगढ़ी में 'स' ही होता है, 'श' एवं 'ष' नहीं होता।
3. एन.सी.ई.आर.टी. नई दिल्ली के पाठ्यक्रमवाले सभी स्कूलों में व्याकरण की एक अलग पुस्तक पढ़ाई जाती है। ऐसी व्यवस्था हमारे राज्य में भी करनी चाहिए।
4. प्रत्येक विषय की मुख्य पुस्तक के साथ-साथ अभ्यास पुस्तिका भी

होनी चाहिए, जिसमें अध्यापन के तुरंत बाद या अगले कालखंड में शिक्षक द्वारा विद्यार्थियों से उसकी पूर्ति की जानी चाहिए।

5. विद्यार्थियों के लिए पुस्तकें तैयार करते समय उनके शैक्षिक स्तर का विशेष ध्यान रखते हुए त्रुटिविहीन तथा निर्विवाद तथ्यों का समावेश करना चाहिए।
6. 'करके सीखें' की अवधारणावाली सामग्री का अधिकाधिक समावेश करना चाहिए।
7. कक्षा 3 से ही विद्यार्थियों के लिए उनके स्तर के अनुरूप प्रोजेक्ट तैयार कराने चाहिए, जिससे उनमें रचनात्मकता का विकास हो।
8. प्रत्येक विद्यालय में एक सर्वसुविधायुक्त ऑडियो-विजुअल रूम (दृश्य-श्रव्य कक्ष) होना चाहिए, जहाँ विद्यार्थियों को आकर्षक ढंग से शिक्षा दी जा सके। इस हेतु शासन द्वारा स्कूलों को समय-समय पर सी.डी. इत्यादि उपलब्ध कराई जानी चाहिए।

□

बच्चों के साथ मानवीय व्यवहार : संदर्भ शिक्षा

क्लास में बच्चों को प्रताड़ित करने की बजाय मनोवैज्ञानिक ढंग से उनके साथ पेश आना चाहिए। क्लास में आनेवाले सभी बच्चों का आई.क्यू. समान नहीं होता। अभिभावकों को भी थोपना नहीं चाहिए।

स्कूल में बच्चों के साथ अमानवीय व्यवहार की नवीनतम घटना यह है कि तंबाकू खाने पर एक छात्र को शिक्षक ने मल खिला दिया। 'छत्तीसगढ़ मानव अधिकार आयोग' के समक्ष चार ऐसे मामले हैं, जो हमें सोचने पर विवश करते हैं कि शिक्षण संस्थाओं में छात्रों-शिक्षकों के बीच किस तरह के संबंध होने चाहिए! बस्तर के एक शिक्षाकर्मी द्वारा कक्षा में नहीं आने पर एक छात्र की हत्या, शहडोल में शिक्षक द्वारा छात्रों को होमवर्क नहीं करने पर मृत्युदंड तथा चाँपा-जाँजगीर में एक छात्रा को 300 उठक-बैठक लगवाकर अस्पताल में भरती होने की स्थिति में पहुँचाना। ऐसी बहुत सारी घटनाएँ हैं, जो हमें अपनी शिक्षा-प्रणाली, शिक्षण संस्थाओं के माहौल और छात्र-शिक्षक संबंधों की नए सिरे से पड़ताल के लिए विवश करती हैं।

बहुत से माता-पिता अपने बच्चों के माध्यम से अपने अधूरे सपनों को पूरा करना चाहते हैं। वे जो खुद नहीं बन पाए, अपने बच्चों को वही बनाना चाहते हैं। उनके लिए बच्चों की जिज्ञासाएँ, सहज सपने कोई मायने नहीं रखते। सुबह से शाम तक बच्चों को रोबोट की तरह चाबी से चलानेवाले अभिभावक अनजाने में ही कई बार बच्चों से उनका बचपन छीन लेते हैं।

बच्चे अपनी जिज्ञासाएँ, अपने भीतर की मस्ती और शैतानी, स्कूल में अपने-अपने दोस्तों के साथ शेयर करते हैं, जिन्हें बच्चों के माँ-बाप नहीं जानते। स्कूल में साथ पढ़नेवाले छात्र-छात्रा अलग-अलग परिवेश, पर्यावरण और संस्कारों से आते हैं। आज के शिक्षकों के सामने छात्र-छात्राओं में गुरु-शिष्य में परस्पर स्नेह और सम्मान की परंपरा बनाए रखना सबसे बड़ी चुनौती है। आधुनिक संचार प्रणाली और एक-दूसरे से श्रेष्ठ दिखने, कुछ अलग करने तथा उच्छृंखलता भरे माहौल में शिक्षण संस्थाओं की कथित पवित्रता और अनुशासन को बनाए रखना परंपरागत तरीके से मुश्किल हो रहा है। शिक्षण संस्थान में अपने आदेश का पालन होते न देख या फिर अनुशासन की पकड़ को कमजोर होते देख बहुत से शिक्षक उत्तेजित हो जाते हैं और ऐसा कुछ कर बैठते हैं, जो अनअपेक्षित/अमानवीय है।

बहुत से शिक्षकों का तर्क है कि बच्चे यदि होमवर्क करके नहीं आते, समय पर स्कूल नहीं पहुँचते, पढ़ाई में ध्यान नहीं लगाते और स्कूल का अनुशासन तोड़ते हैं तो उन्हें मारना लाजमी है। उन्हें ऐसे समय में तुलसीदास की वह शिक्षा याद आती है, जिसमें कहा जाता है कि 'भय बिन प्रीत न होए गोसाई।' सूचना-क्रांति के युग में मानव अधिकार के जानकार छात्र-छात्रा और बहुत से अभिभावकों को यह व्यवहार बिलकुल भी पसंद नहीं है। अमरीका, यूरोप या फिर बच्चों के मनोविज्ञान से परिचित ऐसे बच्चों या अभिभावकों का एक बड़ा वर्ग स्कूली हिंसा, मार-पीट के खिलाफ शिकायत करता है। बच्चे भी मार-पीट करनेवाले, हमेशा उलाहना देनेवाले या बेइज्जत करनेवाले शिक्षक-शिक्षिकाओं का सम्मान नहीं करते। शिक्षक-शिक्षिका के क्लास में आते ही बच्चे की आँखों में एक अलग किस्म की नफरत या भय का भाव होता है, जो शिक्षक के हटते ही उपहास या मजाक में तब्दील हो जाता है।

मनोचिकित्सक कहते हैं कि सभी बच्चों का आई.क्यू. अलग-अलग होता है। सभी बच्चों से एक सी अपेक्षा ठीक नहीं है। मनोवैज्ञानिक नियमित रूप से पेरेंट्स-टीचर मीटिंग पर जोर देते हुए कहते हैं कि यदि बच्चे से किसी भी प्रकार की शिकायत है तो उसके अभिभावकों को सूचित कर

उनके माध्यम से समस्या को हल करना चाहिए। माह में एक दिन सभी अभिभावकों की मौजूदगी में मीटिंग होनी चाहिए। डॉक्टरों का मानना है कि शिक्षकों की समय-समय पर ट्रेनिंग होनी चाहिए।

जरूरत इस बात की है कि शिक्षकों के साथ-साथ अभिभावक भी इस बात का ध्यान रखें कि उनका बच्चा किस तरह की अपेक्षा करता है, उसका व्यवहार कैसा है, उसकी वाजिब जरूरतें क्या हैं, वह पढ़ाई का कितना बोझ सह सकता है? क्लास में सभी बच्चे फर्स्ट क्लास नहीं आ सकते। बच्चों को केवल डरा-धमकाकर, मार-पीट करके ही नहीं सुधारा जा सकता। बच्चों के साथ दोस्ताना व्यवहार रखकर उनकी बातों को धैर्यपूर्वक सुनकर उन्हें वे ही सुविधाएँ व साधन उपलब्ध कराएँ, जो उनके व्यक्तित्व के विकास, पढ़ाई-लिखाई और उन्हें बेहतर नागरिक बनाने के लिए जरूरी हैं।

□

शिक्षा, राजनीति और विकास के बदलते आयाम

सबसे पहला सवाल यह है कि हम किस भारत की बात कर रहे हैं? हमारा मौजूदा भारत, जो एक स्वतंत्र गणराज्य है, उसमें इंडिया भी है और भारत भी तथा कुछ लोगों के लिए हिंदुस्तान भी। मौजूदा भारत में शिक्षा, राजनीति और विकास के बदलते आयाम को जानने के लिए हमें थोड़ा पीछे की ओर जाना होगा। अनेक बरसों तक गुलाम रहा भारत, जिसमें न जाने कितनी सभ्यताओं और शासकों का हस्तक्षेप रहा, वैसा भारत या फिर 'ईस्ट इंडिया कंपनी' के जरिए व्यापार करने आए अंग्रेजों की गुलामी के दौरान विकसित हुआ भारत! दोनों ही भारत में चंद सरमायेदारों, पूँजीपतियों, सामंतों का राज था। समाज व्यवस्था को चलाने के लिए कुछ ऐसे लोग भी आमजनों के बीच में से रखे जाते थे, जो बुद्धि से, जाति से या अपने कबीले-समाज आदि के कारण मजबूत थे।

भारत में अंग्रेजी राज के दौरान शिक्षा के पारंपरिक स्वरूप में थोड़ा परिवर्तन आया। यातायात के साधनों और संचार व्यवस्था तथा अंग्रेजों के भारत में बढ़ते प्रभाव और उनकी जरूरतों के कारण अंग्रेजों ने भारत में कुछ ऐसे स्कूल स्थापित किए, जो उनके लिए काम करनेवाले लोग तैयार कर सकें। वैसे तो गाँव में बसनेवाले भारत के बहुतेरे लोग शिक्षा से वंचित थे। अंग्रेजों के भारत में आने के पश्चात् मौजूदा शिक्षा प्रणाली में परिवर्तन प्रारंभ हुए। परंपरागत शिक्षा, जो अब तक हमें क्षेत्रीय भाषा व बोली में उपलब्ध

थी, उसका स्वरूप बदला। पाश्चात्य जीवन-शैली और शिक्षा का प्रभाव भारत के जनमानस पर तेजी से पड़ने लगा। आवागमन के साधनों और संचार के जरिए होनेवाले दूसरे देशों से संपर्क ने शिक्षा को विस्तारित किया। प्रारंभ से ही सत्ता या राजनीति पर अभिजात शिक्षित-वर्ग का कब्जा रहा है। आजादी के बाद कालांतर में बहुत सारे नेता विलायत से पढ़कर आए और उन्होंने राजनीति को हथियार बनाकर आजादी की लड़ाई में शिरकत की। शिक्षा का सीधा संबंध पूँजी से था, क्योंकि गरीब तबके के लिए शिक्षा न पहले, न आज, कभी भी आसानी से सुलभ नहीं थी। शिक्षा ने समाज को दो वर्गों में विभक्त किया। एक वर्ग था, जो संपन्न घराने से आता था और दूसरा वर्ग, जो मेहनतकश निम्न मध्यमवर्गीय था। मेहनतकश आवाम के लिए परंपरागत तथा सीमित शिक्षा की व्यवस्था थी। उनके लिए शिक्षा का आकाश उतना नहीं खुला था, जितना कि पूँजीपति, पैसोंवाले के बच्चों के लिए सुलभ था। यही कारण था कि आजादी के बहुत सालों बाद भी 'शिक्षा सभी के लिए' का नारा झूठ साबित हुआ। हमारे संविधान-निर्माताओं ने प्राथमिक शिक्षा को हमारे मूल अधिकारों में अवश्य शामिल कर दिया, किंतु आज तक शिक्षा सभी के लिए सुलभ नहीं हो पाई है।

हमारे देश में आजादी के पहले चाहे महात्मा गांधी रहे हों या जवाहरलाल नेहरू या सुभाष चंद्र बोस रहे हों, इन तमाम नेताओं ने विदेशों में जाकर शिक्षा ग्रहण की या हिंदुस्तान के आला दरजे के शिक्षण संस्थान में इन्होंने शिक्षा पाई। शिक्षा राजनीति में पहुँचने का जरिया बनी। विकास को शिक्षा के साथ जोड़ा गया। यह माना गया कि किसी भी राज्य या राष्ट्र का विकास तब तक संभव नहीं है, जब तक कि शिक्षा का विस्तार न हो। शिक्षा के लोकव्यापीकरण से ज्ञान के नए द्वार खुले, जिसके फलस्वरूप विज्ञान के नए चमत्कार दिख रहे हैं। अंग्रेजों द्वारा भारत में जो शिक्षा प्रणाली लागू की गई, वह 'मैकाले शिक्षा प्रणाली' के नाम से जानी जाती है। जो अपने कामों की पूर्ति के लिए भारत के लोगों को क्लर्क बनाना सिखा रही थी। दुर्भाग्य है कि यह शिक्षा प्रणाली अंग्रेजों के चले जाने के बाद भी जारी रही, नए काले अंग्रेजों ने इसमें अपनी प्रशासकीय कुटिलता के चलते ऐसी अनेक बाधाएँ

खड़ी कीं, जिससे आम आदमी के लिए शिक्षा में ऐसी व्यवस्था नहीं थी कि वह बड़े प्रशासनिक पदों तक पहुँच सके। वहीं बाद में, बहुत बाद में आरक्षण ने इसे संभव किया। पिछले एक दशक में निश्चित रूप से इसमें परिवर्तन आया है। लोगों ने इस बात को भली-भाँति समझना प्रारंभ कर दिया है कि जब तक शिक्षा को रोजगार और हुनर से नहीं जोड़ा जाएगा, तब तक शिक्षा बेमानी है। इसी वजह से हमारे यहाँ वही शिक्षा सर्वाधिक ग्रहण की जा रही है, जो लोगों को रोजगार सुलभ करती है। परंपरागत अध्ययन की पाठशालाओं, महाविद्यालयों में उन विषयों में विद्यार्थियों की संख्या धीरे-धीरे कम होने लगी है, जिन विषयों में केवल थ्योराटिकल नॉलेज दी जाती है। आज का विद्यार्थी पूरी तरह से अपने आपको कंपीटिशन में भाग लेने के लिए लैस करना चाहता है। वह कंप्यूटर, इंटरनेट के साथ साइबर की सैर करना चाहता है। वह ग्लोबल विलेज में रहता है और उसकी कल्पना में अमरीका है। वह यहाँ से बेहतर शिक्षा लेकर सीधा यूरोप, अमरीका जाना चाहता है। विकास के प्रतिमान तेजी से बदल रहे हैं।

शिक्षा का एक ओर जहाँ लोकव्यापीकरण हुआ है, वहीं व्यावसायिक शिक्षा और रोजगार दिलानेवाली शिक्षा महँगी हुई है। सर्व शिक्षा अभियान के चलते गाँव-गाँव में सरकारी स्कूल तो खुले हैं, किंतु इसके साथ ही यह भी सच है कि उसी तादाद में निजी स्कूलों की बाढ़ सी भी आई है। अंग्रेजी शिक्षा की जड़ बहुत मजबूती के साथ पूरे देश में फैलने लगी। हर पढ़ा-लिखा थोड़ा-बहुत भी संपन्न व्यक्ति अपने बच्चों को अंग्रेजी माध्यम के स्कूल में पढ़ाना चाहता है। मौजूदा शिक्षा ने परंपरागत व्यवसाय से लोगों को दूर किया है और कैसी शिक्षा ग्रहण करें, जिससे पैसा कमाया जाए, इसके लिए प्रेरित किया है।

शिक्षा, राजनीति और विकास तीनों एक-दूसरे के पर्याय हैं। हमारे देश के नेता बहुत सालों तक यह तय नहीं कर पाए कि देश को किस दिशा में ले जाना है। देश की शिक्षा प्रणाली कैसी हो, बच्चों को क्या पढ़ाया जाए? यही वजह है कि आज भी देश के अलग-अलग राज्यों में अलग-अलग तरह से शिक्षा दी जा रही है। शिक्षा का एजेंडा अभी तक तय नहीं हो पाया है। कोई

शिक्षा का भगवाकरण करना चाहता है तो कोई शिक्षा को सेक्यूलरिज्म की तरफ ले जाना चाहता है। शिक्षा में नैतिकता का पाठ गायब है। शिक्षा मानवीयकरण की वकालत नहीं करेगी, मौजूदा शिक्षा केवल प्रतिभागी तैयार करने का काम कर रही है। विद्यार्थी, जिन्हें आनेवाले कल का भविष्य और नेता कहा जाता है, उन्हें राजनीति से दूर रहने की सीख दी जाती है। महाविद्यालयों में छात्र संघ चुनाव प्रतिबंधित किए जाते हैं या फिर छात्र नेता के चुनाव मैरिट के आधार पर होते हैं। प्रजातंत्र में स्कूल, कॉलेज राजनीति की पहली पाठशाला होनी चाहिए, किंतु युवा शक्ति से घबराए नेतागण कभी इसे प्रोत्साहित करते हैं तो कभी हतोत्साहित। हमारे देश में यह तय नहीं हो पा रहा है कि शिक्षा को राजनीति से जोड़ा जाए या उसे पूरी तरह से अलग रखा जाए! इसके बीच हमारे विद्यालय, महाविद्यालय और विश्वविद्यालय राजनीति का अखाड़ा बन गए हैं।

राजनीति में प्रवेश पाने के लिए शिक्षा कोई अनिवार्य नहीं है। यही वजह है कि अभी भी हमारे बहुत सारे नेता कम पढ़े-लिखे और अनपढ़ हैं। जिन लोगों के हाथों में नीति बनाने का दायित्व है, वे ब्यूरोक्रेट के भरोसे ऐसी योजना बना रहे हैं, जिससे जनमानस का कोई भला नहीं हो रहा है। विकास की अवधारणा भी अभी तक हमारे यहाँ स्पष्ट नहीं है। कुछ शहरों की सड़कों को बनाकर बहुत सारी सरकारें यह समझती हैं कि उन्होंने विकास के नए मापदंड स्थापित कर लिये हैं! सवाल यह है कि इतने सालों में क्या प्रति व्यक्ति आय में इजाफा हुआ है? और गाँव में मेहनतकश मजदूर किसान के पास अभी भी वे सभी सुविधाएँ हैं, जो उन्हें शहर आने से रोक सकें? विकास केवल नगरीय और सीमित क्षेत्रों में होता है। एक ओर जहाँ शहरों में, महानगरों में चमचमाती लाइट और सड़कें, व्यापारिक मॉल हैं, वहीं गाँव में अँधेरा है, भुखमरी है और पीने के लिए स्वच्छ पानी तक नहीं है। हमने अभी तक अपने विकास की कोई मंजिल तय नहीं की है। हमारी राजनीति, हमारी शिक्षा हमें समग्र विकास से वंचित रखना चाहती है। भारत में शिक्षा, राजनीति और विकास के बदलते आयाम पर बात करते समय हमें यह भी देखना होगा कि हमारे साथ जो राष्ट्र स्वतंत्र हुए थे और जिन्होंने हमारे साथ

तरक्की का सफर शुरू किया था, वे आज कहाँ हैं! कभी हम सोवियत रूस के पीछे होते हैं तो कभी विश्व बैंक और मुद्राकोष के आगे खड़े दिखते हैं। हमारे देश के युवा यहाँ शिक्षा लेकर अमरीका और यूरोप में बसना चाहते हैं। हमारी शिक्षा और हमारी राजनीति हमें काम का सम्मान नहीं सिखाती। वह हमें सिखाती है कि किस तरह से हम अपनी चालाकी और बुद्धि-कौशल के जरिए दूसरे का हक मार सकें। आज के निजी कॉन्वेट स्कूल और कॉलेज शिक्षा के व्यावसायिक संस्थान में तब्दील हो गए हैं। शिक्षा एक बड़े उद्योग की संभावना में तब्दील होकर साकार भी हो गई।

हमारे सामने आज सबसे अहम सवाल यह है कि हम शिक्षा, राजनीति और विकास में किस तरह से सामंजस्य बिठाएँ तथा विकास के उन प्रतिमानों को स्थापित करें, जिनका सपना भगत सिंह, चंद्रशेखर आजाद, महात्मा गांधी जैसे हमारे नेताओं ने देखा था।

□

शिक्षा का व्यवसायीकरण और गिरता शैक्षणिक स्तर

भारतीय संविधान में शिक्षा द्वारा असमानता को दूर करने की बात कही गई है। कहना न होगा कि समन्वयवादी सामाजिक व्यवस्था की दीर्घकालीन भूमिका होती है, जो बहुत तेजी के साथ अपनी विश्वसनीयता खोती जा रही है। आखिर इसके लिए जिम्मेदार कौन है? एक तरफ सरकार सस्ती शिक्षा देने के नाम पर शिक्षा पर अंधाधुंध पैसा खर्च करती जा रही है, तो दूसरी ओर शिक्षा की दुकानें नित नए नाटकों से शिक्षा के भूखों से पैसा बटोरने में सफल हो रही हैं। अगर शिक्षा पाने के इच्छुकों के पास पैसा नहीं है तो क्या कारण है कि आज हर गली-कूचे में पब्लिक स्कूल खुल रहे हैं? स्वाभाविक है कि अब शिक्षा पर सरकारी सहायता के लिए जनता वास्तव में मोहताज नहीं है, पर 'अगर मुफ्त का माल मिल रहा है तो क्यों न उड़ाया जाए' वाली भावना तो उपस्थित है ही! यही कारण है कि राज्य की अनेक शिक्षण संस्थाओं के संचालक अपनी राजनीतिक पहुँच अथवा जोड़-तोड़ की राजनीति से शिक्षा के नाम पर लाखों रुपए अनुदान प्राप्त कर रहे हैं। राज्य सरकार ने शिक्षा में गुणात्मक सुधार लाने के उद्‌देश्य से प्रदेश के 15 जिलों में एक शासकीय उच्चतर माध्यमिक पाठशाला को 'मॉडल स्कूल' के रूप में विकसित करने के साथ नए बजट में प्रदेश के अनुसूचित क्षेत्रों की पाठशालाओं का हाईस्कूल में उन्नयन करने का निर्णय लिया है। फिर भी शिक्षा का व्यवसायीकरण अब लगभग पूरे प्रदेश में फैलता जा रहा है। यद्यपि

आँकड़ों की उपलब्धता नहीं है, पर यह अवश्य लगता है कि आम विद्यार्थी जितनी सरकारी सहायता शिक्षा पाने के लिए प्राप्त करता है, उससे ज्यादा वह अपनी जेब से खर्च करता है। सरकारी स्कूलों के विद्यार्थियों को भी ट्यूशनों में पैसा खर्च करना पड़ता है। पुस्तकों, सहायक पाठ्य सामग्री, परीक्षा शुल्क, विविध अन्य खर्चों आदि पर हर वर्ष भारी राशि खर्च की जाती है। यह राशि शिक्षा पर सरकारी अनुदान से कम न होगी। अब समय आ गया है कि शिक्षा को सरकारी संरक्षण और नियंत्रण, दोनों से निकाल लिया जाए। सभी स्कूल-कॉलेजों को अपना खर्च स्वयं उठाने को कहा जाए, साथ ही निजी स्कूल-कॉलेजों के लिए फीस आदि को लेकर सर्व स्वीकार्य नीति बनानी चाहिए। प्राथमिक शिक्षा अवश्य सरकारी सहायता पर मिलती रहे, पर उस पर नियंत्रण स्थानीय लोगों का हो, ताकि शिक्षा माफिया इस पैसे का दुरुपयोग न कर सके।

शिक्षा-नीति में प्राथमिक शिक्षा का सर्वव्यापीकरण व समानता आवश्यक है। वर्तमान में ग्रामीण व शहरी क्षेत्रों में दी जा रही शिक्षा में पर्याप्त असमानता है। फलतः उच्च शिक्षा हेतु नगरीय पाठ्यक्रम के साथ ग्रामीण विद्यार्थी अपरिचित ही रह जाता है। यह बात बार-बार उभरकर सामने आई है कि ग्रामीण क्षेत्रों में पर्याप्त प्रतिभा होते हुए भी वह उच्च शिक्षा हेतु अनुपयुक्त हो जाती है। इसके पीछे मूलतः यही कारण है कि ग्रामों में प्राथमिक शिक्षा के पाठ्यक्रम को सीमित कर दिया जाता है। इसके लिए आवश्यक है कि एक ही तरह के शैक्षणिक पाठ्यक्रम का निर्धारण शासकीय स्तर पर हो, जिसमें अक्षर ज्ञान के अतिरिक्त आनेवाले चरणों की पाठ्य सामग्री का भी लघु ज्ञान विद्यार्थियों को दिया जाए। 'कोठारी आयोग' ने इस बात पर पर्याप्त बल दिया था कि प्राथमिक शिक्षा के क्षेत्र में चलाए जा रहे अभियान में समानता हो, किंतु यह असमानता आज भी कायम है।

शहरों में उच्चतम शुल्क लेनेवाली शिक्षण संस्थाओं की बाढ़ सी आई हुई है, जिनमें शिक्षकों की स्थिति वेतन आदि के मामलों में बंधुआ मजदूर जैसी है। शहरी शिक्षण संस्थाओं में अधिकांशतः स्थानीय शिक्षक ही कार्यरत होते हैं, जिसका परिणाम उनकी अधिकाधिक अनुपस्थिति है और इसका

असर शिक्षा पर पड़ता है। स्थानीय शिक्षक ट्यूशन व अन्य व्यवसाय में संलग्न रहते हैं और अध्यापन को गौण स्थान देते हैं। इसके विपरीत शासकीय स्कूलों में सामान्यत: मध्यम व निम्न वर्ग के छात्र ही अध्ययन पाते हैं। आज प्रदेश में अधिकांश संकुल शिक्षकीय शाला में शिक्षाकर्मी ही अध्ययन-अध्यापन का कार्य कर रहे हैं। पिछले नौ वर्षों से शिक्षाकर्मी वर्ग—एक, वर्ग—दो, वर्ग—तीन को क्रमश: व्याख्याता, शिक्षक, सहायक शिक्षक के समतुल्य मानकर उन्हें निर्धारित वेतन दिया जा रहा है। एक ओर जहाँ शिक्षा मद में करोड़ों रुपए खर्च हो रहे हैं, वहीं दूसरी ओर शिक्षाकर्मी को विभागीय कर्मियों के सदृश समान वेतन-भत्ते, लाभ तथा अन्य सुविधाओं से क्यों वंचित रखा गया है? क्या हम उन प्रतिभाशाली उच्च शिक्षित युवकों को कम वेतन पर भरती कर अपने शिक्षा केंद्रों का उद्देश्य और लाभ प्राप्त कर सकेंगे? शिक्षा जैसे प्रथम आवश्यक जनकल्याण कार्य हेतु शासन को खुले मन से विचारकर कर्मियों के भविष्य-निर्माण पर ध्यान देना होगा, ताकि शिक्षण स्तर को ऊँचा उठाया जा सके। जब तक समानता के आधार पर शिक्षा पद्धति पर व्यवस्था में समन्वय नहीं लाया जाता, तब तक व्यावहारिक एवं गुणात्मक शिक्षा की बात करना ऊँची उड़ान भरना है।

यद्यपि शिक्षाविदों ने अनेक बार यह बात कही है कि आधुनिक ज्ञान-विज्ञान और तकनीक के अनुरूप हमें अपनी शिक्षा को बनाना है; किंतु इसके सामाजिक पहलू पर शायद गौर नहीं किया जा रहा है। यही कारण है कि राज्य में कुछ वर्षों से शिक्षकों में निराशा का वातावरण बनता जा रहा है। वस्तुत: आज जरूरत है प्रदेश की सभी शासकीय-अशासकीय शिक्षण संस्थाओं में कार्यरत शिक्षकों का समुचित ध्यान रखे जाने की और ऐसा करने में हम सफल हुए तो निश्चित ही गिरते शैक्षणिक स्तर पर काबू पाया जा सकता है।

□

हमारा समय और उसमें बड़े होते बच्चे

बच्चों की कोमलता, उनके मन की पवित्रता और उनके भोलेपन को लेकर बहुत कुछ कहा और लिखा गया है। हाल ही में प्रसिद्ध शायर निदा फाजली ने अपने एक लेख में कहा है, ''जिंदगी सिर्फ आतंक और लड़ाई नहीं होती, बच्चों की मुसकराहट भी होती है।'' श्रद्धा नामक एक बच्ची का जिक्र करते हुए उन्होंने लिखा है, ''ऐसी कोई कविता नहीं लिख पाया, जो श्रद्धा की मुसकराहट की तरह उजली, गहरी, पावन और खूबसूरत हो। जब लिख लूँगा वह कविता, मेरी कविता-यात्रा पूरी हो जाएगी।''

निदा फाजली की ही तरह मेरे जैसे बहुत से लोग यह मानते हैं कि 'घर से गर दूर है मसजिद तो चलो यूँ कर लें, किसी रोते हुए बच्चे को हँसाया जाए!'

हमारे समय का सच बच्चों से उनकी कोमलता, सहजता छीनकर उन्हें धीरे-धीरे एक असंवेदनशील मनुष्य के रूप में तैयार कर रहा है। स्कूलों में गरमी की छुट्टी है और बच्चे घर में हैं। समर क्लास के नाम पर कहीं डांस सीखने तो कहीं पेंटिंग्स सीखने की कवायद हो रही है। बहुत सारी संस्थाएँ ग्रीष्मकालीन अवकाश का फायदा लेकर तरह-तरह के आयोजन कर रही हैं। अधिकांश आयोजन केवल सतही मनोरंजन, नाच-गाने तक सीमित हैं। एक-दो संस्थाओं के छोटे-मोटे प्रयासों को छोड़ दिया जाए तो बच्चों के लिए कहीं कोई ऐसा आयोजन नहीं हो रहा है, जिससे बच्चे कुछ संस्कारवान, ज्ञानवान् हों और वे बेहतर मनुष्य बनें।

बच्चे आज अपनी उम्र से पहले बड़े हो रहे हैं या यूँ कहें कि वे अभिमन्यु

की तरह माँ की कोख/गोद में ही सबकुछ सीख रहे हैं। चारों ओर व्याप्त प्रतिस्पर्धा और अपने 'प्रोडक्ट' को श्रेष्ठ दिखाने की चाह में बच्चों से उनका बचपन छीना जा रहा है। बच्चों को रोबोट की तरह सबकुछ फीड करके यह अपेक्षा होने लगी है कि वे एक व्यवस्थित दिनचर्या को जिएँ, वहीं दूसरी ओर तेजी से टूटते परिवार और व्यक्तिगत आजादी के चलते माता-पिता अपना अलग-अलग वजूद तलाशते दिखते हैं। छोटे परिवार की अवधारणा और बिना ज्यादा टेंशन के अपनी तरह से जीवन जीने की लालसा में माँ-बाप भी बच्चों की ज्यादा परवाह नहीं करते। वे चाहते हैं कि उनके बच्चे उन्हें ज्यादा परेशान किए बगैर बड़े हो जाएँ। बच्चा जो माँगता है, वह उसे दे दो!

बच्चा घर में रहकर मनोरंजन के नाम पर टी.वी. में कुछ भी देखे और प्रायोजकों द्वारा ग्लमेराइज करके दिखाए जा रहे उत्पाद की माँग माँ-बाप से करे, इसमें आज के अधिकांश पढ़े-लिखे मध्यमवर्गीय माँ-बाप को कोई आपत्ति नहीं है। ऐसे अभिभावक यह नहीं जानते हैं कि टी.वी. बच्चे को जानकार बनाता है, ज्ञानवान नहीं। बच्चा संस्कार के नाम पर कुछ नहीं जाने, अपने परिवेश, रिश्तेदारों, पड़ोसियों को नहीं पहचाने, इसमें कोई बात बुरी नहीं है। बच्चा अपनी कक्षा में अव्वल भर आए। उनकी डेली डायरी में किसी प्रकार का कोई एंटी कमेंट न मिले, यह बहुत है। अब अधिकांश बच्चे वह सब करते दिखते हैं, जो उन्हें टी.वी. चैनल दिखा रहे हैं। महानगर हो या तेजी से बढ़ता हुआ कस्बा, नर्सरी से लेकर हायर सेकेंडरी तक के बच्चे अपने स्कूल के वार्षिक कार्यक्रमों में एम.टी.वी., स्टार टी.वी. के 'बूगी-बूगी' सरीखे कार्यक्रमों पर थिरकते हुए दिखते हैं या डांसर की नकल करते हुए लेटेस्ट गाने पर थिरकते दिखते हैं और माता-पिता, शिक्षकगण इसे देखकर प्रसन्न होते हैं। बच्चों की बोल-चाल, आचार-व्यवहार का ढंग किसी बड़े समझदार से कम नहीं दिखता। टी.वी./सिनेमा के रंगीन परदे पर साल भर में हजारों हत्याएँ, खून-खराबा, प्रेम-प्रसंग, हेरा-फेरी को देखते हुए बच्चा उसे अपने जीवन की सामान्य घटनाओं की तरह लेता है। उसके लिए पिस्तौल, बम, मिसाइल, लड़की के साथ छेड़छाड़, चुंबन कुछ भी अश्लील नहीं है।

टी.वी. पर दिखाई जानेवाली बेशुमार अपराध कथाओं को देखते हुए बच्चे का कोमल मन कब हिंसक हो जाता है, माँ-बाप को पता नहीं चलता। टी.वी. से प्रभावित बच्चे यह समझने लगते हैं कि दुनिया में अधिकांश लोग खराब होते हैं। ग्लैमर, अपराध और वासनाजनित प्रेम ही दुनिया का प्रमुख कारोबार है। ज्यादा समय तक टी.वी. के सामने बिठाने और उनसे बात नहीं करने के कारण बच्चे धीरे-धीरे अपने बोलने का कौशल भूलते जा रहे हैं। ब्रिटेन में विकराल रूप लेती इस समस्या से निपटने के लिए अब तीन से पाँच साल तक के बच्चों को फिर से बोलने और सुनने का कौशल सिखाया जा रहा है। 'नेशनल लिटरेसी मिशन' द्वारा 'टॉक टू योर बेबी' अभियान चलाया जा रहा है। टी.वी. और कंप्यूटर के अलावा छोटी उम्र के बच्चे को पढ़ने और लिखने के लिए ढेर सारा होमवर्क दिया जाना भी उन्हें बोलने के कौशल से दूर खींचता है। 10 प्रतिशत बच्चे समझ नहीं पाते हैं कि सामने वाला क्या कर रहा है!

वैसे देखा जाए तो आज का बच्चा पहले की तुलना में कोई गबदू या जानकारियों से अनजान बच्चा नहीं है, जिसे किसी का हाथ पकड़कर चलना हो। एक ओर जहाँ वह मीडिया से प्रभावित है, वहीं दूसरी ओर इसके लिए उसके माता-पिता अनेक कोचिंग क्लासेज, उसके यार-दोस्त उसके कॅरियर गाइड हैं, जो उसे रोज-रोज नई-नई स्पर्धाओं को जीतने की कला सिखाते हैं। आज का बच्चा अपने कॅरियर के प्रति बहुत सजग नजर आता है। अभाव-असुविधा उसे खलती है।

जिस तरह गाँव और शहर में अंतर है, ठीक उसी तरह ग्रामीण और शहरी बच्चों में काफी कुछ अलग दिखाई पड़ता है, किंतु दोनों में एक बात पर साम्य दिखाई देता है, वह है दोनों का श्रमसाध्य कामों से जी चुराना और अपने परंपरागत उद्योग, व्यवसाय को छोड़ नए काम की तलाश। इसके साथ ही अपनी भाषा, परिवेश और परंपरागत संस्कारों को हेय दृष्टि से देखकर पाश्चात्य की नकल करना। पिछले एक दशक से जिस तेजी से अंग्रेजी माध्यम के स्कूल खुले हैं, उसी तेजी से फास्ट फूड की दुकानें भी खुली हैं। 'वेलेंटाइन डे' को मनाने का चलन बढ़ा है। गाँव-गाँव में खुलते ब्यूटी पार्लर और सौंदर्य स्पर्धाओं के आयोजनों

में जवान होती तरुणाई फँसती जा रही है। हमारे देश में बढ़ती हुई आबादी और घटते हुए रोजगार के अवसरों के बीच बड़ा होता हुआ बच्चा नौकरी और व्यवसाय के बीच बढ़ती प्रतिस्पर्धा के चलते दिन-प्रतिदिन कॅरियररिस्ट होता जा रहा है। इस कॅरियर के चक्कर में आपसी सहयोग, प्रेम-सद्‍भाव धीरे-धीरे लुप्त हो रहे हैं और एक-दूसरे से आगे निकल जाने की होड़ मची हुई है। हमारी समूची शिक्षा प्रणाली में कहीं भी आपसी सद्‍भाव, प्रेम, संवेदनशीलता, त्याग की बात नहीं है। केवल अंकों का खेल है। इन अंकों के खेल में बच्चों के कॅरियर के प्रति अत्यधिक सजग माँ-बाप अंकों के गणित में उलझकर अपने बच्चे को सबसे आगे देखना चाहते हैं।

बच्चों द्वारा किए गए अपराधों पर नजर डालें तो उसके आँकड़े हमें चौंकाते हैं। छत्तीसगढ़ राज्य, जहाँ की बड़ी आबादी ग्रामीण है, वहाँ का जन-जीवन शांत है। वहाँ पिछले पौने तीन सालों में 640 मामलों में किशोर उम्र के बालक-बालिकाएँ हत्या, लूट, बलात्कार जैसे मामलों में संलिप्त पाए गए हैं। इस साल बच्चों ने चार हत्याएँ कीं और उन पर बलात्कार के दस मामले दर्ज किए गए और सन् 2002 से 225 बाल-अपराध के मामले दर्ज किए गए। मनोचिकित्सक बाल अपराध में वृद्धि का कारण पारिवारिक परिवेश को मानते हैं। बच्चों के रोल मॉडल बदल गए हैं। वीडियो पर देखे जानेवाले हिंसात्मक खेल, जिसमें अधिक-से-अधिक लोगों को मारकर जीत दर्ज होती है, इस तरह के खेल बच्चे रुचि लेकर खेल रहे हैं। बच्चों के आदर्श टी.वी. और फिल्मों पर दिखाए जा रहे ऐसे पात्र हैं, जो नायक, खलनायक सभी कुछ हैं, क्योंकि आज के सिनेमा ने खलनायक को भी नायक की भाँति प्रस्तुत किया है।

माता-पिता अब अधिक उदार दृष्टिकोण वाले हो चले हैं और उचित-अनुचित का उनका विवेक लचीला होता जा रहा है। इसके फलस्वरूप बच्चों के साथ उनके आचरण में विभिन्न अवसरों पर अस्थिरता या विसंगति देखने को मिलती है। इस विसंगति को टी.वी., सिनेमा द्वारा समर्थन मिलता है। ऐसे में ईमानदारी और सच्चरित्रता जैसे सशक्त मूल्यों को लेकर नई पीढ़ी के मन में संदेह होने लगता है। आज के बदलते हुए सामाजिक आचरण की जो छवि उकेरी जा रही है, उसमें इतना विरोधाभास है कि तय करना कि

कौन सा व्यवहार श्रेयस्कर है, एक जटिल चुनौती बन जाता है। बाल-मन पर परस्पर विरोधी संदेशों और आचरणों के कारण कुहरा छा जाता है और वह उसे गलत दिशा की ओर भटकाने में सहायता करता है। इलेक्ट्रॉनिक मीडिया में धनवान वर्ग की इस ऊहापोह को प्रस्तुत किया जा रहा है। आनेवाले दिनों में मीडिया का विवेकपूर्ण उपयोग नहीं किया गया या अंकुश नहीं लगाया गया, तो उसके गंभीर परिणाम हमें भुगतने होंगे।

आम आदमी अपनी संतान को अपने से अच्छी स्थिति में देखना चाहता है और अपने सारे सपनों को उनके द्वारा साकार करना चाहता है। साधनों के अभाव और महँगाई की मार के बावजूद वह खुद कष्ट सहकर अपने बच्चों को अच्छी शिक्षा, अच्छे वस्त्र और पक्की छत की सुविधा देने की कोशिश में लगा रहता है, किंतु उसका यह सारा प्रयास बेमानी ही हो जाता है, जब बच्चा बड़ा होकर किसी प्रकार के मूल्यों की परवाह नहीं करता। इसलिए हमें अपनी पूरी शिक्षा व्यवस्था पर पुनर्विचार करके जरूरी और अनुपयोगी विषयों की जगह ऐसे महत्त्वाकांक्षी विषय शुरू करने चाहिए, जो बच्चों को बेहतर नागरिक बनने में मदद करें। बच्चे अपनी बात आसानी से कह सकें, इसके लिए हमें बच्चों को परामर्श देने, उनकी पढ़ाई या परिवार के तनाव को घटाने के लिए संवेदनशील सलाहकारों की मदद लेनी होगी, जो बाल-मन की गहराई को समझकर सलाह दे सकें। यदि हमें अपने बच्चों को बेहतर भविष्य देना है तो उन्हें संवेदनशील बनाना होगा और उन्हें ऐसी तालीम देनी होगी, जो उनके भीतर के मनुष्य को बचाए रखे।

□

जल्दी में आगे ही बढ़ते की ख्वाहिश

पिछले एक-डेढ़ दशक में एक परिवर्तन बहुत ही चुपचाप हुआ है, जिसकी ओर सामान्यत: चिंतनशील समाज का, विचारकों का ध्यान नहीं गया। वह है पढ़े-लिखे वर्ग का अल्फाबेट के 'A' या 'अ' अक्षर के प्रति अतिरिक्त प्रेम! पिछले दस-पंद्रह साल में पैदा होनेवाले अधिकांश बच्चों के नाम अब 'A' से शुरू होते हैं। सभी क्लासों में अब अंकित, अमित, अक्षय, आदित्य, अनुज, अनुभव, अविनाश, अभिनव, आकाश, अदिति, अनामिका, अक्षरा, अक्षिता, अंकिता, अनुष्का जैसे नामों की भरमार है। यह अनायास नहीं है। यह उस प्रतियोगी, गलाकाट स्पर्धा का परिणाम है, जो हमें बार-बार 'अपने इरादों में आगे बढ़ते जाना है' का पाठ पढ़ाती है। बच्चे का नाम 'अ' से रहेगा तो क्लास में उसका नाम पहले पुकारा जाएगा। बड़े होने पर किसी भी इंटरव्यू में वह अपने नाम के कारण अव्वल में ही याद किया जाएगा। बहुत से शिक्षकों से बात करने पर मालूम हुआ कि उनकी क्लास में 40 में से 10-15 बच्चों के नाम 'A' से शुरू होते हैं। सब आगे रहना चाहते हैं, कोई पीछे नहीं होना चाहता। बच्चों के माता-पिता और रोजगार का अवसर तलाशते युवक-युवतियों का तर्क है कि जल्दी नहीं करेंगे तो पीछे रह जाएँगे। सब जगह कंपीटिशन बहुत ज्यादा है। औसत नंबरों से काम नहीं चलेगा। कंपीटिशन में आगे आने के लिए शुरू से कॅरियर के प्रति ध्यान देना होगा। बच्चों को बचपन से ही कॅरियर ओरिएंटेड कोर्स पढ़ाना जरूरी है। भविष्य के प्रति चिंतित दिखता समाज यह नहीं सोच पा रहा है कि दिन-प्रतिदिन रोजगार के अवसर

कम हो रहे हैं। ऐसे समय जब रोजगार कार्यालय अपनी उपयोगिता खो चुके हैं। सरकारी नौकरी के अवसर खत्म हो गए हैं, या फिर संविदा नौकरी के लिए पदों को विज्ञापित कर भरा जाने लगा है। इसके बावजूद अकेले छत्तीसगढ़ में रोजगार कार्यालय के रिकॉर्ड के अनुसार शिक्षित बेरोजगारों की संख्या 3,85349 है। जिनको यह भ्रम है कि नौकरियाँ केवल अनुसूचित जाति-जनजाति के लोगों को ही मिलती हैं, उनके लिए भी ये आँकड़े चौंकानेवाले होंगे कि राज्य के अनुसूचित जनजाति के शिक्षित बेरोजगारों की संख्या 71,047 और अनुसूचित जाति के 38,349 बेरोजगार हैं। नौकरियों के नाम पर लड़नेवालों को ऐसे आँकड़ों को भी देखना चाहिए। परंपरागत व्यवसाय को छोड़कर नौकरियों के पीछे भागनेवालों को थोड़ा रुककर सोचने को विवश करते हैं बेरोजगारी के यह आँकड़े।

बाजार ने समाज की तेजी से आगे बढ़ने की प्रवृत्ति को ताड़ लिया है। वह सब चीजें जल्दी, शॉर्टकट में उपलब्ध कराने के फंडे समझाने लगा है, 15 दिन में मोटापा घटाएँ, बच्चों को एक माह में फर्राटेदार अंग्रेजी सिखाएँ, अच्छी बाइक, कार पाओ, चलते-चलते लड़की पटाओ, एक महीने में काली त्वचा को गोरी बनाओ। सामंती संस्कारों में जी रहे समाज का एक लड़का यदि दहेज के कारण मंडप से वापस चला जाएगा तो दूसरा लड़का 'फेयरनेस क्रीम' से आए गोरेपन के कारण बिना दहेज की शादी के लिए झट तैयार हो जाएगा। अच्छे मोबाइल, घड़ी, बनियान, कपड़ों को देखकर लड़की बिना जाने-पहचाने तुम्हारी बाँहों में चली आएगी। ऐसे सैकड़ों फंडे हमें रोज बाजार द्वारा मीडिया के जरिए परोसे जा रहे हैं और समाज का एक बड़ा वर्ग इसमें उलझता जा रहा है। आज पाठ्य-पुस्तकों से ज्यादा कुंजी का चलन है। परीक्षा के समय 25-50 अनसॉल्वड प्रश्नों के उत्तरों की किताबें ज्यादा बिकती दिखती हैं।

सबकुछ जल्दी में पाने की होड़ है। कम श्रम, कम मेहनत और कम अध्ययन से सबकुछ चाहिए और सबसे पहले चाहिए। नए समाज ने अब इस बात को झुठलाना शुरू कर दिया है कि 'जिन खोजा तीन पाइयाँ गहरे पानी पैठ'। हाँ, 'बौरा डूबन डरा रहा किनारे बैठ'। अब तो फेवीस्टिक का फेवीस्टीक लगाकर तुरंत मछली फँसाने का चलन है। मछली पकड़ने के लिए घंटों जाल

डालने की जरूरत नहीं। जाल डालकर घंटों बैठनेवाला बेवकूफ करार दिया जा रहा है।

21वीं सदी में पहुँचने और पहुँचाने की दौड़ में शामिल समाज के ज्यादातर लोगों में धैर्य की कमी साफ दिखलाई पड़ती है। लोग यह भूल जाते हैं कि शताब्दियों के बदल जाने से समय नहीं बदल जाता। इसके लिए जरूरत होती है विचारों को बदलने की, अपने समय की विसंगतियों को समझकर उनके खिलाफ खड़े होने व लड़ने की।

आज भी हमारा मानस सामंती, रूढ़िवादी सोच, अंधविश्वासों और औपनिवेशिक मानसिकता से भरा हुआ है। इसके बावजूद सबको जल्दी है। धैर्य की कमी और जीवन में आई तेजी की फिलॉसफी के चलते आपसी संबंधों में तनाव व टूटन आने लगी है। फास्ट फूड खाकर बड़ी हो रही पीढ़ी के लोग जल्दी में संबंध बनाकर जल्दी ही तोड़ने लगे हैं। 'यूज ऐंड थ्रो' के इस दौर में हर रिश्ता काम निकालने, इस्तेमाल करने के लिए बनता दिखता है। कोई किसी की बात तसल्ली से नहीं सुनना चाहता। तेजी से आगे बढ़ने की लालसा में समाज में एक नई तरह की उत्तेजना दिखलाई पड़ती है। तेजी से आगे निकलने की प्रवृत्ति के चलते दुर्घटनाएँ बढ़ी हैं। स्वास्थ्य पर विपरीत प्रभाव दिखता है।

जल्दी-से-जल्दी आगे जाने की प्रवृत्ति के कारण पूरी पर्सनल्टी में परिवर्तन दिखता है। मानवीय संवेदना के ह्रास के साथ एक-दूसरे को रौंदकर आगे बढ़ने की होड़ है। घर-परिवार में आपसी स्पर्धा है। सब एक-दूसरे से आगे निकलना चाहते हैं। 'मेरी साड़ी से उसकी साड़ी सफेद कैसे?' के जयघोष के बीच भौतिक सुख-सुविधाओं को लेकर भारी कॉम्पीटिशन है। जिसे मोबाइल की जरूरत नहीं भी है, उसके हाथ में भी मोबाइल है। जिन चीजों की जीवन में जरूरत नहीं है, वह भी बाजार द्वारा आगे निकल जाने की होड़ में घर-घर दिखलाई पड़ने लगी हैं। रोज ताजा सब्जी, दही खरीदने जानेवाले फुर्सतिया समाज के लिए भी फ्रिज जरूरी आइटम हो गया है। तवे और कढ़ाई में खाना बनानेवालों के पास माइक्रोवेव आ गया है। हमारी आवश्यकता का निर्धारण करनेवाली शक्तियाँ बाहरी हैं। हम बाजार की शक्ति से संचालित हो रहे हैं।

पल-प्रतिपल अपडेट होती, बदलती खबरों के बीच रह रहे समाज को

जल्दी-से-जल्दी खबरें देने के चक्कर में मीडिया ब्रेकिंग न्यूज के जरिए आधी-अधूरी, अपुष्ट और बहुत सी ऐसी चीजें दे रहा है, जिनकी जरूरत नहीं है। चीजों की, तथ्यों की गहराई में जाने की जरूरत खत्म हो रही है। जो कुछ रेडीमेड है, जो कुछ जल्दी में उपलब्ध है, वह सब परोसा जा रहा है। यही हाल बच्चे की पढ़ाई का है। वहाँ से बेसिक नॉलेज गायब है। बच्चों को पूरा पाठ पढ़ाने की जरूरत नहीं है, उसे तो बस प्वाइंट पढ़ा दो, इतना बता दो कि कौन-कौन से चेप्टर परीक्षा में पूछे जाएँगे! स्कूलों में वह पढ़ाया जा रहा है, जो परीक्षा के लिए जरूरी है। सबको रिजल्ट चाहिए, चाहे फिर उसके लिए किसी भी तरह के साधन क्यों न अपनाने पड़ें! अविभावकों को बेहतर रिजल्ट कार्ड चाहिए, फिर यह रिजल्ट कैसे आया, किन दबावों के चलते बच्चे ने अपना परसेंटेज बढ़ाया, इसके बारे में सोचने की चिंता उन्हें नहीं है। अब अभिभावकों को बच्चा ज्ञानी नहीं, अच्छा डिग्रीधारी चाहिए। साल भर की प्रैक्टिस की बजाय समर कैंप/विंटर कैंप में सारे खेल सीखने का चलन बढ़ा है। साहित्यिक गोष्ठियों-आयोजनों में बिना किताब पढ़े उसकी समीक्षा करनेवाले, किताब पर बोलनेवालों की संख्या बढ़ी है।

तेजी से आगे बढ़ने की इस नई प्रवृत्ति ने पूरे परिवार, समाज और देश को एक ऐसी अंधी प्रतिस्पर्धा में लाकर खड़ा कर दिया है, जो थमती नहीं दिखती। 'एकला चलो रे' के इस दौर में संयुक्त परिवार तेजी से टूट रहे हैं। छोटे परिवार में भी टूटन दिखती है। जुझारूपन, संघर्षशीलता में कमी आई है। अपेक्षित रिजल्ट नहीं मिलने पर डिप्रेशन, आत्महत्या, नशा करना जैसी प्रवृत्तियाँ बढ़ी हैं। हमें थोड़ा रुककर इत्मीनान से सोचने की जरूरत है कि हम तेजी से कहाँ जा रहे हैं! हमारी इच्छाओं, अपेक्षाओं का कहीं अंत है या नहीं, या फिर हम पूरी तरह से अपने को बाजार के हवाले तो नहीं कर रहे हैं!

□

मनुष्य को रोबोट बनाने का क्रम

यह पढ़ने का नहीं, देखने का समय है। स्मृति फीड हो गई है मोबाइल में, इलेक्ट्रॉनिक डायरी में, इ-मेल बॉक्स में या फिर जेब में रखी कागज की छोटी सी नोटबुक में। चाहे फोन नंबर हों, मोबाइल नंबर हों, घर के पते हों या कोई महत्त्वपूर्ण तिथि, स्मृति से सभी विस्मृत हैं। यदि घर में धार्मिक पंचांग, कैलेंडर न हो तो बहुतों को तीज-त्योहार भी याद न रहें। जब भी किसी का फोन आता है, मोबाइल आता है तो तुरंत दूसरे नंबर के लिए डिजिटल डायरी फोनबुक में झाँकना पड़ता है।

मुझे याद आती है अपनी माँ, दादी और उन जैसे बहुत से बुजुर्गों की, जो पढ़े-लिखे तो नहीं थे, किंतु उन्हें बहुत सी कहावतें, तिथियाँ, रीति-रिवाज और कहानियाँ, दोहे, चौपाई सभी कुछ याद थे। बात-बात पर कोई-न-कोई कहावत, मुहावरा, संस्मरण जैसे उनकी दिनचर्या थी। वाचिक परंपरा के चलते यह सब पीढ़ी-दर-पीढ़ी चलता रहा। मुद्रित शब्दों का जैसे-जैसे प्रभाव बढ़ा, वाचिक परंपरा वैसे-वैसे लुप्त होने लगी, खासकर दृश्य माध्यम के आने के बाद तो जैसे हम लगभग सुनना भूल गए, केवल देखने लगे। टी.वी. चैनलों के आने के बाद से हमारी कल्पना, देखने की प्रवृत्ति लगभग समाप्त सी हो गई। जो फ्रेम टी.वी. के चैनल ने दिखाया, वही फ्रेम हमने अपनी स्मृति में फीड कर लिया। देश में तेजी से बढ़े मध्यवर्ग और निम्न मध्यवर्ग ने, जो कभी वाचिक परंपरा में पला-बढ़ा था, उसने इसे अनजाने में ही विस्मृत कर दिया। हकीकत यह है कि हमारे पास आज जो भाषा है, वह हमने बोलकर पाई है, न कि लिखकर। वाक्य को बोलने से जो संगीत बनता है, वह लिखते समय नहीं बनता।

बच्चे स्मृतिपटल पर चीजों को अंकित करने की बजाय केवल रटने लगे हैं। रटने में कल्पना का कतई समावेश नहीं रहता। औसत आदमी की स्मृति उम्र से पहले क्षीण होने लगी है। उसे हर बात के लिए डायरी, कैलेंडर, इलेक्ट्रॉनिक चीजों की दरकार है या फिर वह मेमोरी प्लस की शरण में जा रहा है। दृश्य धीरे-धीरे स्मृति से विस्मृत हो रहे हैं, रिश्तों का संसार सिमटता जा रहा है। दुनिया छोटी होने के साथ-साथ ही स्मृति का पटल, उसकी छवियाँ भी सीमित और छोटी होने लगी हैं। यांत्रिक होते मनुष्य की स्मृति में मैं और मेरा निजी संसार उपस्थित है। इलेक्ट्रानिक उपकरणों के दृश्य अब एक लत हैं।

गजानन माधव मुक्तिबोध ने 'एक साहित्यिक की डायरी' नामक अपने निबंध में जिन तीन क्षणों की बात की है, उनमें पहला अनुभव का है, जिसके बिना आवेग और गति असंभव है। मानसिक प्रक्रिया को आत्माभिव्यक्ति की ओर ले जाने के लिए आवश्यक पहला जबरदस्त धक्का यह प्रथम क्षण ही देता है। वह उस गति की दिशा को निर्धारित करता है। दूसरा क्षण फैंटेसी का होता है और तीसरे क्षण में फैंटेसी साहित्यिक कलात्मक अभिव्यक्ति का रूप धारण करने लगती है और सृजन प्रक्रिया जोरों से गतिमान होती है। मुक्तिबोध के अनुसार, "भाषा सामाजिक निधि है। शब्द के पीछे एक अर्थ-परंपरा है। ये अर्थ जीवनानुभवों से जुड़े हुए हैं। आज जब सारी चीजें रेडीमेड उपलब्ध हैं, जीवन अनुभव का एक रचा हुआ पूरा नकली संसार उपस्थित हो, तो फिर सार्वजनिक-सामाजिक अनुभवों की परंपरा का विलुप्त होना स्वाभाविक है।" बाजार में उपलब्ध मनोरंजन के सभी इलेक्ट्रॉनिक साधनों, कार्यक्रमों से मानवीय संवेदनशीलता अनुपस्थित है। टी.वी. पर दिखाए जानेवाले कार्यक्रमों के कारण त्वरित आक्रामकता वर्तमान समाज की मानसिक जरूरत बन गई है। किसी का जीवन समाप्त हो रहा है, किसी का घर उजड़ रहा है, इसका दु:ख किसी को महसूस नहीं होता। टी.वी. पर इस तरह की घटनाओं को लोग फिक्शन के रूप में देखते हैं। टी.वी. चैनल पर प्रसारित होनेवाले कार्यक्रम सोचने या विचार करने की जरूरत महसूस नहीं होने देते। यही कारण है कि अब लोगों ने धीरे-धीरे सोचना छोड़ दिया है। उन्हें कोई भी बड़ी घटना

उद्वेलित नहीं करती। एक्सीडेंट, नरसंहार, दंगा, सभी कुछ मनोरंजक कार्यक्रम की शक्ल में टी.वी. पर उपस्थित है। वह बेडरूम में लेटा हुआ या डायनिंग टेबल पर खाना खाते हुए दंगों के दृश्यों को बिना किसी भावात्मक विचलन के देखता है। न्यूज चैनल को लोग सिनेमा की तरह देखते हैं। सिनेमा देखते समय तो दर्शक यह मानकर चलता है कि जो कुछ दिखाया जा रहा है, वह नाटकीय है, किंतु न्यूज चैनल देखते हुए उसे यह भ्रम बराबर बना रहता है कि वह यथार्थ को अपनी आँख से देख रहा है! जबकि न्यूज चैनल पर दिखाया जानेवाला यथार्थ भी लोगों के मनोरंजन के लिए होता है। टी.वी. का रिमोट कहीं दूसरे चैनल की तलाश में न दब जाए, इस आशंका से कार्यक्रम बनानेवाले कम-से-कम समय में दस-दस खबरें दिखा रहे हैं। एक घंटे में सिक्सटी—60 खबरों के साथ यह भी हिदायत दी जाती है कि 'बैठे रहिए, जाइएगा नहीं, हम लौटते हैं ब्रेक के बाद, बहुत सी नई खबरों के साथ।'

मनोरंजन के मकड़जाल में फँसे दर्शक से अनायास उपभोक्ता बने आदमी को बाजार में उपलब्ध इलेक्ट्रॉनिक उपकरणों, नई-नई तकनीक और बाजार के मायावी संसार ने अपनी गिरफ्त में ले लिया है। ज्ञान और संवेदना के स्तर पर मनुष्य को रोबोट में बदलने का उपक्रम तेजी से जारी है। बाजार की चकाचौंध, तेजी से भागती जिंदगी और टी.वी. के रंगीन और इंटरनेट के खुशनुमा संसार के बीच मनुष्य अपनी स्मृतियों से विमुख होता जा रहा है। अपने निजी कक्ष में पहुँचते ही उसके सामने एक ऐसा स्क्रीन उपस्थित है, जो उसे उसके मनचाहे, अतृप्त संसार में ले जा सकता है। इंटरनेट पर बैठकर वह अपनी वास्तविक पहचान छिपाकर किसी से भी अपने मन की बात, अपनी कभी न व्यक्त हो सकनेवाली इच्छाओं का बयान कर सकता है। टी.वी. के रूपहले रंगीन परदे पर वह उन तसवीरों को इत्मीनान से देख सकता है, जिन्हें सार्वजनिक रूप से देखने पर प्रतिबंध है। अपने अवचेतन में असंख्य स्मृतियों को सँजोनेवाले मनुष्य का संसार अब धीरे-धीरे सीमित होता जा रहा है। 'ओपन मार्केट' के इस दौर में बाकी सब तो खुला-खुला है, केवल यदि कुछ बंद हैं तो वे हैं स्मृतियों, संवेदनाओं के दरवाजे!

□

सच के सामने मनुष्य

'सच का सामना' नामक टी.वी. शो को लेकर हमारे देश में इस समय कई तरह की बहसें चल रही हैं। हमारे सांसद इन्हें भारतीय संस्कृति के खिलाफ बताकर, इस शो में पूछे जानेवाले सवालों पर संसद् में आपत्ति व्यक्त करते हुए इन पर प्रतिबंध की माँग कर रहे हैं। इस तरह की माँग कुछ स्वयंसेवी संगठनों के द्वारा भी की जा रही है। यह मामला न्यायालय में भी गया और न्यायालय ने इस शो पर प्रतिबंध लगाने से फिलहाल मना कर दिया। इन सबके बीच यह शो लगातार प्रसारित हो रहा है। हर शो में नए-नए प्रतिभागी हैं और उनके अपने-अपने सच-झूठ। टी.आर.पी. के गेम शो में 'सच का सामना' आगे है। अश्लीलता के तमाम आरोपों के बीच पूरा परिवार एक साथ टी.वी. स्क्रीन पर आनेवाली चेतावनी 'इस कार्यक्रम में पूछे जानेवाले सवाल परिपक्व विषय के हो सकते हैं, अभिभावक निगरानी रखें' को पढ़ते हुए बाल-बच्चों के साथ देख रहे हैं।

टी.वी. शो की हॉट सीट पर एक व्यक्ति बैठता है, परंतु इस शो के बहाने धीरे-धीरे हर घर में एक हॉट सीट बनती जा रही है, जिसमें सभी लोग गाहे-बगाहे एक-दूसरे से वही सब पूछ रहे हैं या मन-ही-मन पूछना चाहते हैं कि तुम होते तो इसका जवाब क्या देते? क्या तुमने कभी ऐसा किया है? आदमी चुप है तो संदेह के घेरे में और अगर बोल रहा है तो घर पर बैठे ही हॉट सीट पर है। आदमी अपने सच से पहले भी रू-ब-रू अपनी दुनिया में होता था। अब वह दूसरों की दुनिया में अपने सच के साथ संदिग्ध है।

'सच का सामना' की सारी बहस, लेख, टी.आर.पी. के खेल आदि के

बीच कुछ सवाल मेरे मन में भी आए, जो इस सारी बहस से कुछ हटकर हैं। जहाँ तक सच की स्वीकार्यता का प्रश्न है, मुझे लगता है कि हर आदमी के भीतर जो कुछ गोपन है, उसे वह कहीं-न-कहीं प्रकट करता है। वह अपने भीतर के सच को स्वीकारता है। यह अलग बात है कि सच वह किसके सामने स्वीकार रहा है! एक व्यक्ति अपने जीवन की सारी पूँजी, सारी संपत्ति अपने बेटे-बेटियों एवं परिवारजनों को देना चाहता है। इसके लिए वह व्यक्ति अपने किसी विश्वस्त के माध्यम से वसीयत भी लिखता है; किंतु उसकी यह शर्त रहती है कि यह वसीयत उसकी मृत्यु के उपरांत पढ़ी जाए, सार्वजनिक की जाए। यह अपने आपमें कितनी बड़ी विडंबना है कि जो व्यक्ति अपना सबकुछ अपने परिजनों के नाम पर कर इस दुनिया से जा रहा है, वह भी इस सच को अपने जीते जी सबके सामने प्रकट नहीं करना चाहता! वह जानता है कि इस सच का सामना सभी लोग नहीं कर पाएँगे और इसके बाद जो प्रतिक्रिया होगी, उस सच का सामना वह व्यक्ति खुद नहीं कर पाएगा। इस व्यक्ति की मृत्यु के उपरांत शवयात्रा में शामिल लोग बार-बार 'राम नाम सत्य है''''सत्य बोलो गत है' की टेक लगाते हुए उसका क्रिया-कर्म करते हैं और वह अपने सच के साथ पंचतत्त्व में विलीन हो जाता है, वसीयत खुल जाने के बाद का सच जाने बिना, जो मृतक के लिए प्रेम और धिक्कार, दोनों अलग-अलग उत्पन्न कर सकता है।

एक संयुक्त परिवार में रहनेवाला व्यक्ति, जो सबके लिए मददगार है, खुला हुआ है, वह व्यक्ति भी बहुत सारी ऐसी सहायता या कार्य अपने परिवार के अन्य सदस्यों से छिपाकर करता है, जो कि किसी भी दृष्टि से अनुचित नहीं है। संभवत: यह उसके कर्तव्य-पालन, दायित्वों के अंतर्गत भी आता है; किंतु वह इसे भी छिपा जाता है। जैसे वह अपनी माँ, अपनी बहन, अपने आर्थिक रूप से कमजोर भाई की कुछ मदद करता है, किंतु वह यह सच अपनी पत्नी के सामने प्रकट नहीं करता, पर अपने दोस्तों के बीच बैठ अपने प्रेम को, अपने विवाहेत्तर संबंधों को जिस सहज रूप से स्वीकारनेवाला बहुत ही बिंदास किस्म का आदमी भी, अपनी पत्नी, अपने भाई, अपने परिवार के सामने इन प्रश्नों पर साफ झूठ बोल जाता है या उसे प्रकट नहीं

करता। हर आदमी सच का सामना करता है, किंतु सच का सामना करते हुए वह यह निश्चित करना चाहता है कि उसका सच उसके लिए, उसके किसी साथी के लिए पीड़ा, अपमान का कारण न बने। हमारा सामाजिक ढाँचा या कहें हमारे कथित संस्कार ऐसे हैं, जो हमें बहुत से सच को बोलने से रोकते हैं। हम बहुत सारे ऐसे सच जानते भी हैं, किंतु हम उन्हें प्रकट नहीं करते; क्योंकि ऐसे सच को जानने से किसी का कोई फायदा नहीं होता। एक चिकित्सक के रूप में एक मरीज के सच को जानकर, उसे मरीज के सामने या अन्य लोगों के सामने प्रकट करना, जो उस व्यक्ति की जिंदगी में निराशा का कारण बने, किसी डॉक्टर के लिए कभी भी अच्छा नहीं होगा। डॉक्टर मरते हुए आदमी से भी यही कहेगा कि तुम थोड़ा हिम्मत करो तो ठीक हो जाओगे। बहुत सारे ज्योतिषाचार्य, भविष्यवक्ता भी कथित रूप से सामने दिखाई देनेवाले सच को लाग-लपेट करके ही अपने यजमान को बताते हैं।

अनेक अवसरों पर हमारे किसी प्रियजन या सम्मानीय व्यक्ति द्वारा अपने बारे में हमसे राय पूछी जाती है और हम साफ झूठ बोल देते हैं। अपनी पत्नी और प्रेमिका द्वारा यह पूछे जाने पर कि मैं कैसी दिखती हूँ, हम उसे अच्छा ही कहते हैं। इसी तरह अपने बॉस या सम्मानीय व्यक्ति द्वारा यह पूछे जाने पर कि मैंने कैसा भाषण दिया, मैंने कैसा नोट लिखा, हम कहते हैं 'बहुत अच्छा', जबकि कई बार हम झूठ बोल रहे होते हैं। वह सच, जिसे जानने से दूसरों को तकलीफ हो, वह सच, जो किसी के न जानने से भी उसका जीवन बेहतर ढंग से चल रहा हो, ऐसे सच को स्वीकारने से क्या फायदा? हमें बचपन से ही यह सिखाया जाता है कि आदमी को सच बोलना चाहिए और दूसरी ओर यह भी बताया जाता है कि सच हमेशा कड़वा होता है, आदमी को हमेशा मीठा बोलना चाहिए। इस तरह के विरोधाभास के बीच हम जीवन जीते हैं। कोई भी व्यक्ति, चाहे वह कितना भी बड़ा झूठा क्यों न हो, झूठ के भरोसे वह जीवन नहीं जी सकता। वह व्यक्ति भी कहीं-न-कहीं किसी-न-किसी से सच बोलता है। यह अलग बात है कि यह सच वह किसके सामने स्वीकारता है! वैसे हमारे यहाँ सच बुलवाने के लिए गंगाजल, गाय की पूँछ पकड़वाना, धर्मशास्त्र को हाथ में लेकर सच बोलने की कसम

खाना या फिर अपने सबसे प्रियजन के सिर पर हाथ रखकर सच को स्वीकारने की लंबी परंपरा रही है। हालाँकि अब न्यायालयों में सजा के डर से या किसी अन्य प्रलोभन के चलते लोग धर्मग्रंथ पर हाथ रखकर भी सरासर झूठ बोलते हैं।

पॉलीग्राफ मशीन, जो हमारे झूठ को हमारे रक्तसंचार की गति के माध्यम से पकड़ती है, उसके पहले ही हम खुद अपने झूठ को पकड़ते हैं। हम जान रहे होते हैं कि हम कितना सच बोल रहे हैं और कितना झूठ! हमारे यहाँ कहा जाता है कि आदमियों से उनकी आमदनी और औरतों से उनकी उम्र नहीं पूछनी चाहिए; क्योंकि इन दोनों ही मामलों में लोग अकसर झूठ बोलते हैं।

पॉलीग्राफ मशीन द्वारा बताया जानेवाला झूठ या सच वाकई में सच है। यह भी संदेह के घेरे में है। जब इस तरह के कार्यक्रम में कोई सेलिब्रिटी आता है तो वह लंबे समय तक टिका रहता है, किंतु सामान्य व्यक्ति, जो सेलिब्रिटी नहीं है, जल्दी कार्यक्रम से बाहर हो जाता है। कहीं दर्शकों की सेलिब्रिटी की निजी जिंदगी में झाँकने की लालसा को ध्यान में रखकर, मशीन के नाम पर कार्यक्रम संचालक कहीं सच को झूठ और झूठ को सच तो नहीं रच रहे हैं? यह भी एक सवाल है। सुविधानुसार रचा गया सच, जो दरअसल झूठ है, पर सच की तरह लग रहा है।

'सच का सामना' में आनेवाला व्यक्ति अपने भीतर की ईमानदारी के चलते सच स्वीकार करने आ रहा हो, ऐसा भी कम ही दिखता है। दरअसल टी.वी. कार्यक्रम में दिखने का मोह इतना बढ़ गया है कि आदमी कैमरे के सामने भी नंगा होने को तैयार है। 'रियलिटी शो' में वह कुछ ऐसा करना चाहता है, ताकि वह चर्चा में आ जाए। पैसा और प्रसिद्धि इस दौर में जो न करवाए, वह थोड़ा है।

जो भी बात हमारे सामने सच की तरह रखी जा रही है, वह वाकई में सच है या नहीं, यह भी अपने आपमें एक सवाल है। टी.वी. पर दिखाई जानेवाली बहुत सारी चीजें, लड़ाइयाँ, बहस अपने नकलीपन के साथ सच की चाशनी के रूप में अलग-अलग एंगल से रखी जाती हैं, हाईलाइट की

जाती हैं। अलग-अलग दर्शक वर्ग का ध्यान इसमें रखा जाता है।

हमारे यहाँ बहुत सारे लोगों ने अपनी बायोग्राफी लिखी है, जो लगभग सच के आस-पास है। वह अपनी छवि की चिंता के साथ लिखी जाती है। सच्चाई उतनी ही रखी जाती है, जितने से छवि न टूटे। संपूर्ण सच की बायोग्राफी किसी ने भी लिखी हो, ऐसा पढ़ने-सुनने में नहीं आया। वसीयत की ही तरह बायोग्राफी भी अपने मरने के पूर्व लिखकर, मरने के उपरांत प्रकाशित करने का आग्रह अकसर लोग रखते हैं। अपने जीते जी वे भी उस सच को स्वीकार करने का साहस नहीं कर पाते, जिसे वे लिपिबद्ध कर रहे हैं। कुछ लोगों द्वारा 'हंस' पत्रिका में लिखा गया थोड़ा-बहुत सच भी समाज के पढ़े-लिखे लोगों के बीच हजम नहीं हुआ। इस तरह के सच को भी बहुत सारे लेखकों ने आधा-अधूरा करार दिया। टी.वी. पर दिखाए जानेवाले बहुत सारे सच, अखबार में प्रकाशित बहुत सारी सच्ची खबरें भी कई बार अविश्वसनीय और झूठी होती हैं। वे बस सच्ची लगती हैं, होती नहीं हैं।

पॉलीग्राफ मशीन में किए जानेवाले परीक्षण के दौरान बहुत सारे टेस्ट इस तरह के होते हैं कि आदमी से पूछे जानेवाले प्रश्नों को लेकर उसके भीतर चलनेवाली गतिविधियों के माध्यम से यह परखा जाता है कि आदमी जो बोल रहा है, वह सच है या झूठ! यह मशीन सामान्यतः चोर और अपराधियों को पकड़ने के काम आती है। इस मशीन के रिजल्ट (परिणाम) को न्यायालय भी अभी सौ प्रतिशत सत्य नहीं मानता। एक टी.वी. शो में किसी भी प्रतिभागी से इस मशीन के जरिए 50 प्रश्न पूछे जाते हैं और उन 50 प्रश्नों में से 21 प्रश्न तो शो के दौरान पूछे जाते हैं। पॉलीग्राफी मशीन के सामने दिए गए जवाब और हॉट सीट पर टी.वी. स्क्रीन पर दिए गए जवाब का आपस में मिलान किया जाता है। पहले 6 प्रश्नों का सही जवाब देने पर व्यक्ति को 1 लाख रुपए, उसके बाद 5 प्रश्नों का सही जवाब देने पर 5 लाख रुपए दिए जाते हैं और इसी क्रम में राशि बढ़ती जाती है। अभी तक पूरे शो में किसी भी व्यक्ति ने 21 प्रश्नों के सही उत्तर नहीं दिए हैं। सही उत्तर नहीं देने के कारण व्यक्ति ने जो कुछ भी शो के दौरान जीता है, उसे पूरी राशि छोड़कर जाना होता है और आदमी के हिस्से में आता है उसके द्वारा

बोला गया सच या झूठ! शो में भाग लेनेवाले व्यक्ति के लिए यह च्वाइस होती है कि वह शो के दौरान अपने प्रियजनों को भी इसमें ला सके और जैसे-जैसे आदमी जीत के करीब आता है, प्रश्न बहुत ही नितांत या कहें कुछ तो आदमी की सेक्स गतिविधियों को लेकर केंद्रित होते हैं। मीडिया समीक्षक कहते हैं कि यह दौर ऐसा है, जिसमें या तो शाहरुख खान बिकता है या सेक्स बिकता है। हमारे अधिकांश टी.वी. शो हों या हमारी फिल्में, सबमें सेक्स सबसे प्रमुखता से दिखाने के लिए अलग-अलग तरीकों से प्रस्तुत किया जाता है।

'सच का सामना' शो का जो डिजाइन किया गया, उसमें भी कहीं-न-कहीं सेक्स को छुपे रूप में बेचने की कोशिश है। व्यक्ति के पूरे जीवन में सेक्स की अपनी भूमिका है, किंतु वह उसके जीवन का पूरा सच नहीं है। व्यक्ति के अवचेतन में बहुत सारे विचार आते हैं, जो सकारात्मक भी होते हैं और नकारात्मक भी होते हैं, किंतु वह सारे विचारों को सार्वजनिक रूप से प्रकट नहीं करता। मनुष्य को सभी प्राणियों से श्रेष्ठ इसलिए कहा गया है कि वह एक ऐसा मर्यादित आचरण करता है, जिससे किसी दूसरे की भावना को ठेस न पहुँचे। यह सच है कि बाथरूम में हर आदमी अपने कपड़े उतारकर नंगा होकर नहाता है, अपने बेडरूम में नंगा होकर संभोग करता है, किंतु इसका मतलब यह नहीं है कि सच के नाम पर वह दरवाजा खोल दे! किंतु यदि टी.वी. चैनल पर ऐसा करने से पैसा मिलने की गुंजाइश हो, टी.आर.पी. के बढ़ने का भरोसा हो और प्रायोजक मिल जाएँ तो किसी रियलिटी शो के नाम पर इसे भी प्रकट किया जा सकता है। टी.वी. शो 'इस जंगल से मुझे बचाएँ' में बार-बार मॉडल्स, एक्ट्रेस को कम कपड़ों में नहाते दिखाया जाता है। मनोरंजन के नाम पर अश्लील बातचीत, जोक, अंग-प्रदर्शन, अपराध को ग्लैमराइज करना, अंधविश्वास को बढ़ावा देना, टी.वी. कार्यक्रम सनसनी, वारदात, रोडिज, स्पिलिट विला में आम बात है।

शायर सूरज राय 'सूरज' के शब्दों में कहूँ तो—

"तुम्हारे शहर का किरदार बेच सकते हैं,
हमारे शहर के अखबार बेचनेवाले।"

सवाल यहाँ पर यह है कि एक व्यक्ति, जो अपने भीतर के सारे सच को जानता और अपने बहुत सारे सच को अपने सीने में दबाकर रह जाता है, वह भी किसी ईश्वर के सामने मंदिर में, किसी चर्च में जाकर अपने सच-झूठ का कन्फेस करने के लिए हमेशा तैयार रहता है। मुझे लगता है कि आदमी हर पल अपने आप से, अपने भीतर, अपने सच और झूठ का सामना करता है; किंतु लाभ-हानि, मान-सम्मान, सामाजिक-मर्यादा एवं देश-काल परिस्थिति को देखकर वह अपने सच को उद्‌घाटित करता है तथा सच को इसी तरह उद्‌घाटित भी होना चाहिए। कोई भी सच मनुष्य से बड़ा नहीं है, यह हमें समझना चाहिए।

□

जीवन-कला का संबंध मन से

जीवन-कला के प्रवर्तक श्री श्री रविशंकर का रायपुर-प्रवास वास्तव में एक उल्लेखनीय घटना है। राजधानी बनने के बाद रायपुर का कायाकल्प हो रहा है और उसके साथ ही जीवन संबंधी समस्याएँ भी पैदा होने लगी हैं। व्यायाम, कसरत और खेल-कूद हमारे यहाँ संस्कारों में शामिल नहीं हैं। यही वजह है कि माता-पिता जिस तरह बच्चों को पढ़ने-लिखने के लिए प्रेरित करते हैं, उसी तरह व्यायाम या खेल-कूद के लिए नहीं। कम ही माता-पिता ऐसे हैं, जो अपने बच्चों के स्कूल में जाकर ये पता करते हों कि स्कूल में गेम पीरियड होता है या नहीं और यदि होता है तो टाइम-टेबल में औपचारिकता तो नहीं हो रही! हर माह बच्चे का रिपोर्ट कार्ड देखनेवाले माता-पिता शायद ही बच्चों की खेल गतिविधियों के बारे में पूछ-ताछ करते होंगे। व्यायाम, खेल-कूद के संस्कारों के अभाव के इस विरोधाभास को भी हम अच्छी तरह से देख सकते हैं।

बहुत से स्कूलों में खेल पीरियड नहीं होता। बहुत से स्कूल छोटे-छोटे घरों में संचालित होते हैं। अधिकांश स्कूल शिक्षा विभाग के मापदंडों के अनुरूप नहीं हैं। बस्ते के बोझ से लदे बच्चे न तो घर में, न ही स्कूल में ठीक से खेल पाते हैं। खेल मैदान की जगह स्कूल में कंप्यूटर ने ले ली है। अब आउटडोर गेम पर कम, इंडोर गेम पर अधिक जोर है। खेल भी ऐसा हो, जिसमें शारीरिक श्रम कम करना पड़े। माँ-बाप बच्चों के खेल पर कम, पढ़ाई पर, कॅरियर पर अधिक ध्यान दे रहे हैं। बच्चे खाली समय में या तो टी.वी. देख रहे हैं या कंप्यूटर पर नए-नए गेम खेल रहे हैं। जिनके पास ऐसी सुविधाएँ नहीं, उनके लिए खेलने को कुछ भी नहीं है। लोकप्रिय प्रचलित खेल महँगे हो गए हैं। परंपरागत कबड्डी, खो-खो जैसे खेल अलोकप्रिय हो गए हैं। स्वयं के अनुभव

से कम, टी.वी. पर प्रसारित खेल को देखकर लोग खेलों के बारे में अधिक जानकारी हासिल कर रहे हैं। टी.वी. का स्क्रीन ही बहुतों के लिए खेल का मैदान है। शहरों में खेल के मैदान धीरे-धीरे कम हो रहे हैं।

स्वास्थ्य जागरूकता के चलते अब शहरों और कस्बों में लोग सुबह-शाम तेजी से टहलते दिखने लगे हैं, परंतु यह संख्या जनसंख्या के बढ़ते अनुपात में काफी कम है। मॉर्निंग और इवनिंग वॉकिंग के लिए निकलनेवालों में अधिकांश ऐसे लोग हैं, जिन्हें उनके चिकित्सक ने पैदल घूमने की सलाह दी है। शुगर और हार्ट के मरीजों की संख्या इनमें अधिक है। जीवन से जुड़ी हर चीज को बेचने के इस दौर में बाजार की ताकतों ने विभिन्न टी.वी. चैनलों के जरिए बेहतर सेहत के नाम पर सुबह-शाम फिटनेस के कुछ नुस्खे बेचने शुरू कर दिए हैं। अब दादी, नानी के हाथ के मसालों, अचार के साथ-साथ स्वस्थ रहने के नुस्खे कॉमर्शियल ब्रेक के साथ मिलने लगे हैं।

छत्तीसगढ़ की राजधानी रायपुर में मुश्किल से सुरक्षित बचे गांधी उद्यान, मोतीबाग जैसे बड़े बगीचों में सुबह-सुबह बड़ी संख्या में मॉर्निंग वॉक करनेवाले, लाफिंग क्लब के जरिए एक साथ हँसनेवाले, छोटे समूह को प्रवचन देनेवाले, व्यायाम करनेवाले और वृद्धावस्था में समय काटने की मजबूरी में बैठे वृद्धजनों की उपस्थिति रहती है। यहाँ उपस्थित रहनेवाले लोगों में अधिकांश व्यापारी वर्ग, विशेषकर सिंधी समाज के लोग होते हैं। यह बेहद आश्चर्य की बात है कि कभी सुरुचिपूर्ण कपड़े, सेहत, खान-पान के प्रति लापरवाही बरतनेवाले समाज के लोगों में स्वास्थ्य, सौंदर्य को लेकर जबरदस्त जागरूकता है, उत्साह है। अब प्राकृतिक चिकित्सा के नाम पर गांधी उद्यान के बाहर जौ का ताजा रस भी मिलने लगा है। कुछ लोग यहाँ योग-क्रिया करते भी मिल जाते हैं। ऐसे दृश्य रायपुर-बिलासपुर जैसे किसी भी शहर के बगीचों में अब आम हैं। लोगों में अच्छे रहन-सहन, योग आदि के प्रति उत्साह बढ़ा है। बहुत से लोग टी.वी. देखकर योग सीख रहे हैं। रायपुर में पिछले 27 सालों से 'गांधी उद्यान' के सामने 'सत्यदर्शन योग विद्यालय' का संचालन हो रहा है। इस योग विद्यालय के गुरु स्वामी अशेसानंद सरस्वती भी मानते हैं कि स्वास्थ्य के प्रति जागरूकता बढ़ी है, किंतु वे इसे पर्याप्त नहीं समझते। उनके अनुसार शहरी मनुष्य की

दिनचर्या बिगड़ी है। देर रात तक जागने और सुबह देर से उठने के कारण अब बाजार भी 10 बजे के बाद ही खुलते हैं। अधिकांश लोग ब्रह्ममुहूर्त की अनुभूति से वंचित हैं।

मनोरंजन की अपनी आदिम प्रवृत्ति के चलते अब लोग मनोरंजन के साथ योग, व्यायाम करना चाहते हैं। लोगों की स्वास्थ्य जागरूकता का लाभ उठाकर खुलनेवाले जिम्नेजियम, जीवन जीने के बहुत सारे शॉर्टकट कोर्स और टी.वी. पर उपलब्ध विविध किस्म के मनोरंजन और ग्लैमरस व्यायाम के नुस्खे से लोगों के पास स्वस्थ रहने के आसान तरीके उपलब्ध हैं। भोग-विलास में डूबा समाज कथित योग के सस्ते और आसान से नुस्खे के जरिए जल्दी-से-जल्दी फिट होना चाहता है। कम समय में मोटापा कम करने की बहुत सी दुकानें चल निकली हैं। बहुत से आध्यात्मिक गुरु पैदा हो गए हैं, जो स्वयं तो विलासिता का जीवन जीते हैं, परंतु श्रोता/दर्शक रूपी भक्तों को सादगी का पाठ पढ़ाते नहीं थकते।

इवेंट कंपनियों और इवेंट मैनेजरों की मदद से प्रचार-प्रसार का सहारा लेकर भव्य आयोजनों के जरिए सादगी और संयम का पाठ पढ़ाया जा रहा है। हमारे समय का सच यह है कि आदमी जैसा कहता है, वैसा करता नहीं। यह हिप्पोक्रेसी का दौर है। जीवन में व्याप्त मानसिक तनाव, तेजी से भागती जिंदगी और गलाकाट प्रतिस्पर्धा के बीच मनुष्य शरीर और उसको संचालित करनेवाले मस्तिष्क तथा भावना के बीच अपने आपको एकाग्र नहीं कर पा रहा है। तेजी से घटती स्मरणशक्ति और मानसिक संत्रास के बीच लोग यह भूल रहे हैं कि एकाग्रता एवं स्मरणशक्ति एक-दूसरे के पूरक हैं। स्वास्थ्य के सस्ते नुस्खे और मनोरंजन के विभिन्न चैनलों के बीच स्वस्थ रहने की कवायद करनेवाला मनुष्य अपनी संवेदनशीलता खोता जा रहा है। डायवर्जन से उत्पन्न मानसिक तनाव से उसे मुक्ति चाहिए। उसके लिए जरूरी है व्यायाम के साथ-साथ ध्यान भी हो। मन की शक्ति को बढ़ाने, संगठित करने और थोड़ा रुककर खुद के बारे में तथा समाज और देश के बारे में सोचने के लिए एकाग्रता की जरूरत है।

□

खुली बातचीत हो सेक्स संबंधी बीमारी/वर्जनाओं पर

मानव जाति की सभ्यता और विकास के साथ सेक्स शब्द जुड़ा है। जैसे-जैसे मनुष्य संस्कारित होता गया, उसने सेक्स संबंधी मर्यादाओं का पालन करना प्रारंभ किया। मनुष्य और जानवरों में यह फर्क सभ्यता के विकास के साथ ही पनपा है कि मनुष्य एक सामाजिक प्राणी है और वह कहीं भी, किसी भी स्थिति में, किसी से भी सेक्स नहीं कर सकता। धीरे-धीरे हमारे समाज में सेक्स एक वर्जित विषय के रूप में जाना जाने लगा। मनुष्य की आवश्यकताओं में जिस तरह रोटी, कपड़ा, मकान शामिल हैं, उसी तरह सेक्स भी है, किंतु उस पर खुलकर बात करने से लोग घबराते हैं। यही वजह है कि हमारे समाज में सेक्स के नाम पर एक बड़ा बाजार है, जो गलत-सलत जानकारी देकर लोगों को ठगता है, वहीं दूसरी ओर सैकड़ों बीमारियाँ हैं, जिनका खुलकर इलाज कराने से लोग घबराते हैं। स्त्री-पुरुष एक-दूसरे को एक जेंडर की तरह न देखकर विपरीत लिंगधारी के रूप में देखते हैं।

इधर के सालों में जब सेक्स को लेकर समाज में थोड़ा सा खुलापन आया है, वहीं सेक्स संबंधी बीमारियों, विशेषकर एच.आई.वी. पॉजीटिव के मरीजों की संख्या भी बढ़ी है। सेक्स किसी भी स्थिति में गोपनीय विषय नहीं होना चाहिए। एक लड़की को जब उसकी शारीरिक संरचना के अनुसार मासिक धर्म आता है तो माँ उसे गोल-गोल उत्तर देती है। उसे खुलकर इसके बारे में नहीं बताती, जबकि एक माँ उसे सबसे अच्छी तरह से बता सकती है

कि यह एक सामान्य शारीरिक प्रक्रिया है, किंतु वह एक मध्यवर्गीय संकोच के कारण हिचकती है।

दरअसल जितना ज्यादा हम अपने शरीर के बारे में जानते हैं, हमारी दोस्ती हमारे शरीर से उतनी ज्यादा होती जाती है। कई बार हम अपनी शारीरिक संरचना, बनावट और कठिनाइयों की वजह से अपने शरीर से घृणा करने लगते हैं। प्राय: स्त्रियाँ जिस तरह से शरीर की देखभाल करनी चाहिए, उसे साफ-सुथरा रखना चाहिए, वह नहीं रखतीं। जो एक नैसर्गिक क्रिया है, उसे हमारे समाज में हव्वा बना दिया जाता है। सेक्स संबंधी वर्जनाओं की वजह से ही नीम-हकीम, आधा-अधूरा ज्ञान रखनेवाले दोस्तों और बहुत सारे इलेक्ट्रॉनिक माध्यमों के कारण हमारा युवा भ्रमित है। सेक्स उसके लिए एक अज्ञात रहस्य के अलौकिक आनंद की अनुभूति है। हमारे आस-पास उपलब्ध तमाम माध्यमों से उसे सेक्स के बारे में जो आधी-अधूरी जानकारी मिलती है, वह उसके लिए घातक है। अधूरी सेक्स संबंधी जानकारियाँ एक पुरुष के नजरिए को भ्रमित करती हैं। वह स्त्री को उपभोग की वस्तु समझकर उससे केवल सेक्स संबंध स्थापित करने की सोचता है और उसके लिए वह नए-नए अवसर तलाशता है।

आदम और हौवा के प्यार के किस्सों से शुरू हुई सेक्स की यह कहानी इंटरनेट के जरिए पता नहीं किस-किस रूप में परोसी जा रही है, यह जान पाना अब बहुत कठिन है। हमारे बच्चे अब बहुत सारी पत्रिकाओं और नेट के जरिए ऐसी जानकारी हासिल कर रहे हैं, जो उनके लिए रोमांचकारी तो जरूर हो सकती है, किंतु यह आधी-अधूरी जानकारी उन्हें सेक्स की अंधी सुरंग की ओर भी धकेलती है। बच्चों को माता-पिता से, समाज से इस संबंध में सही-सही और पूरी जानकारी मिले। उन्हें पारिवारिक जीवन शिक्षा के रूप में इस तरह के पाठ पढ़ाए जाएँ। जगह-जगह इसके लिए काउंसलिंग सेंटर बनें, जहाँ इस समस्या पर खुलकर बातचीत हो, ऐसी व्यवस्था लागू करने की जरूरत है।

जब मैं पारिवारिक जीवन शिक्षा की बात कह रहा हूँ तो इसमें केवल सेक्स की बात शामिल नहीं है, इसमें पोषण आहार, आपसी व्यवहार, शिक्षा-

स्वास्थ्य, जीवन-मूल्य सभी कुछ शामिल हैं। हाल ही में किए गए एक सर्वे में एच.आई.वी. पॉजीटिव के जो प्रमुख कारण चिह्नित किए गए हैं, उसमें 80 प्रतिशत लोगों को यह बीमारी सेक्स के कारण होना पाया गया है और वह भी ऐसा सेक्स, जो असुरक्षित है।

जो मीडिया जीवन मूल्यों और मनुष्य को अपने पर गर्व करना सिखा सकता है, वह मीडिया फेयरनेस जैसी बहुत सारी क्रीम तथा लिंगवर्धक यंत्रों के विज्ञापन के जरिए झूठी जानकारी समाज को दे रहा है। एक क्रीम मात्र से एक साँवली लड़की गोरी हो जाती है, ऐसा दिखाया जाता है, जबकि हकीकत यह है कि गरम जलवायु में अधिकांश लड़कियाँ साँवली ही होती हैं।

हमें इस तरह का लोक शिक्षण करना जरूरी है, जिसमें हम भ्रमित करनेवाले डॉक्टरों, हकीमों के विज्ञापनों के चक्कर में न पड़कर सही डॉक्टरों के पास या काउंसलिंग सेंटरों में जाकर सलाह लेने के लिए कहें।

अभिभावकों को भी बेहिचक बच्चों की इस कथित निजी स्वतंत्रता के भ्रम को तोड़ते हुए उनके इंटरनेट पर विचरण की जानकारी रखनी चाहिए। उसके फेसबुक, व्हाट्सअप, मेलबॉक्स आदि दूसरे तमाम नेट अकाउंट का पासवर्ड ज्ञात होना चाहिए। हाल ही में हुए एक सर्वे में देश-विदेश के अनेक डॉक्टर और मनोवैज्ञानिक इस बात पर सहमत हुए हैं।

□

किसकी है जनवरी, किसका अगस्त है!

हमारे सामने जो समाज है और जो समाज दिख रहा है, दोनों में बहुत अंतर है। जो समाज हम अपनी खुली आँखों से देखते हैं, मीडिया से वह समाज लगभग गायब है। मीडिया अपने हिसाब से समाज का चेहरा गढ़ रहा है। उस चेहरे में बहुत सारे खूबसूरत रंगीन और खाए-पिए चेहरे हैं। उदारवादी अर्थव्यवस्था के चलते हमारे आस-पास एक ऐसा उपभोक्ता समाज पिछले दस-पंद्रह सालों में तेजी से बढ़ा है, जो अपनी सुख-सुविधा के लिए किसी भी हद तक जाने को तैयार है। चूँकि यह उपभोक्ता समाज बाजार के लिए मीडिया के जरिए सामान बिक्री का माध्यम है, अतः इसी समाज का चेहरा अखबारों और टी.वी. चैनलों पर दिन भर दिखाई देता है। अखबारों में 'पेज-थ्री', अब केवल 'पेज-थ्री' न रहकर आठ-दस पेजों में फैल गया है। इसी तरह टी.वी. पर चौबीसों घंटे 'पेज-थ्री' के चेहरे ही दिखलाई पड़ते हैं। टी.वी. पर दिखलाए जानेवाले तमाम धारावाहिक जिस समाज का प्रतिनिधित्व करते हैं, वह समाज का असली चेहरा तो कतई नहीं है। यह वह चेहरा है, जिसे जनकवि नागार्जुन ने बहुत पहले पहचान लिया था और अपनी कविता 'किसकी है जनवरी' में कुछ इस तरह व्यक्त किया था—

> ''किसकी है जनवरी, किसका अगस्त है
> कौन यहाँ सुखी है, कौन यहाँ मस्त है
> सेठ है, शोषक है, नामी गला काटू है
> गालियाँ सुनाता है, भारी थूक चाटू है
> उसी की है जनवरी, उसी का अगस्त है

जैसे भी टिकिट मिला, जहाँ भी टिकिट मिला
शासन के घोड़े पर वही सवार है।
उसी की है जनवरी, उसी का अगस्त है।''

मीडिया अपने ग्राहक बढ़ाने के लिए जो उपक्रम कर रहा है, उससे कई बार हमें उसके समाजोन्मुखी होने का भ्रम होता है, किंतु जब इसकी बारीकी से पड़ताल करें तो हमें मालूम पड़ता है कि मीडिया बाजार का एक जरूरी हिस्सा है और उसकी यह सारी कवायद अपने ग्राहक के लिए ही है। यह ग्राहक अप्रत्यक्ष रूप से मीडिया के जरिए बाजार की दखलंदाजी का शिकार है। हम सुबह उठकर कौन सा पेस्ट करेंगे, कौन सा टूथब्रश लेंगे, कौन से साबुन से नहाएँगे, कौन सा कपड़ा पहनेंगे, क्या खाएँगे, किस बिस्तर में सोएँगे, यह सबकुछ बाजार तय करता है और इसका तय करवानेवाला कोई और नहीं होता, मीडिया होता है। मीडिया द्वारा रचित समाज दरअसल कुल पंद्रह फीसदी लोगों का समाज है। बाकी समाज जो गाँव-देहातों में, गली-कूचों में रहता है और जिसकी क्रय शक्ति नहीं है, वह तेजी से बढ़ते मीडिया के लिए कोई खबर नहीं है। समाज का ऐसा 85 फीसदी हिस्सा मीडिया में तब सुर्खियाँ बन पाता है, जब यहाँ के लोग सामूहिक आत्महत्या करते हैं या अपने गुस्से से कुछ इस तरह की घटना को अंजाम देते हैं, जो मीडिया जन को प्रभावित करती है।

आम आदमी की ताकत को अपनी ताकत बताकर उसके नाम से सत्ता का उपभोग करनेवाले सभी लोग, जिसमें नेता, पत्रकार, अफसर, समाजसेवी संगठन शामिल हैं, असली जनता को हाशिए पर रखते हैं। यह कहना अतिश्योक्ति नहीं होगी कि आज का भारतीय समाज साफ तौर से धीरे-धीरे दो वर्ग में बँटता जा रहा है, जिसमें एक वर्ग उदारवादी आर्थिक संस्कृति से ऊँची सुविधाओं को भोगनेवाला है, तो दूसरा इससे वंचित समाज है। हम सबके सामने आज सबसे बड़ी चुनौती है कि हम अपने देश का कौन सा चेहरा बनाना चाहते हैं? स्वतंत्रता के लिए जिन मूल्यों और आदर्शों की बात की गई थी, ये आदर्श और मूल्य धीरे-धीरे तिरोहित होते जा रहे हैं। स्वतंत्र मीडिया के सामने आज सबसे बड़ी चुनौती यह है कि अपनी अभिव्यक्ति

किसलिए करें, बाजार पोषित समाज के लिए या उस बहुसंख्यक समाज के लिए, जो बाजार पोषित नहीं है। यह समय है जब मीडिया से जुड़े सभी लोगों को सोचना होगा कि हम किस तरह के समाज की रचना अपने आस-पास करने जा रहे हैं! यह बात मीडिया से इसलिए कही जा रही है, क्योंकि प्रजातंत्र के बाकी स्तंभ में उन्होंने अपनी भूमिका को दर्ज किया है। उम्मीद केवल समाज के पढ़े-लिखे, निर्भीक और जागरूक समझे जानेवाले कुछ लोगों से है। उसमें मीडिया से जुड़े लोग भी हैं। बकौल गजानन माधव मुक्तिबोध 'अब अभिव्यक्ति के खतरे उठाने होंगे। तोड़ने होंगे मठ और गढ़ सब। जाना होगा दुर्गम पहाड़ों के उस पार। तब कहीं जाकर प्रतिपल काँपता हुआ मिलेगा, अरुण कमल एक।'

□

राष्ट्रीय पर्व : वास्तविक पर्व क्यों नहीं?

बचपन की स्मृतियों में स्वतंत्रता दिवस 15 अगस्त, गणतंत्र दिवस 26 जनवरी, 02 अक्तूबर गांधी जयंती की जो छवि बनी हुई है, धीरे-धीरे अब वह ओझल होती लगती है। स्वतंत्रता संग्राम से जुड़े पिता की संतान होने के कारण ऐसे अवसरों पर घर में एक माहौल रहता था। कई दिनों से तैयारी चलती। प्रभात फेरी निकलती, बच्चे, बड़े-बूढ़े सभी उत्साहित दिखते। सभी चौराहों पर सुबह से ही तेज आवाज में राष्ट्रगीत बजते। चारों ओर उत्सव का माहौल रहता। दोपहर को बच्चों को देशभक्ति की फिल्म दिखाई जाती। शाम को जगह-जगह राष्ट्रीय भावना से ओत-प्रोत कार्यक्रम होते। धीरे-धीरे माहौल बदलता सा दिखने लगा है। अब ऐसे समारोह सतारूढ़ पार्टी के या सरकारी होकर रह गए हैं। स्वतंत्रता संग्राम में शामिल पीढ़ी के धीरे-धीरे समाप्त होने से देशभक्ति का जज्बा भी कम होता दिखता है। जिस तरह से हमारे यहाँ परंपरागत धार्मिक पर्व बड़े ही उत्साह व उमंग के साथ मनाए जाते हैं, उस तरह का उत्साह राष्ट्रीय पर्व पर नहीं होता। राष्ट्रीय पर्व को सामान्यत: लोग अवकाश दिवस के रूप में मनाते हैं। राष्ट्रीय पर्व पर होनेवाले आयोजन, खालिस शासकीय आयोजन होकर रह जाते हैं। आम आदमी की भागीदारी इन पर्वों में होनी चाहिए, लेकिन वह नहीं दिखती। आम आदमी ऐसे राष्ट्रीय पर्वों पर सुरक्षा कारणों से, यातायात व्यवस्था में उत्पन्न अवरोध और पार्किंग आदि की समस्या के कारण बड़े शहरों, महानगरों से दूर रहता है, वहीं दूसरी ओर एक रूटीन की तरह मनाए जानेवाले इन पर्वों के समारोह में कोई खास नवीनता नहीं होती। राष्ट्रीय स्तर से लेकर प्रादेशिक स्तर तक पढ़े जानेवाले राष्ट्र और प्रदेश की जनता के नाम संदेशों में अपने-अपने कार्यों का व सरकार की उपलब्धियों का बखान तो होता है, मगर देश और प्रदेश के स्वतंत्रता आंदोलन

व राष्ट्रीय भावना पैदा करनेवाले विचारों-संदेशों की कमी रहती है। सरकारी झाँकियाँ, फिल्मी गानों पर पी.टी. करते और एक सी पढ़ी जाती कमेंट्री, सभी कुछ बड़ा नीरस और उबाऊ लगता है।

राष्ट्रीय पर्व मनाने के लिए हर बार शासन स्तर पर आदेश जारी होते हैं। अलग-अलग विभागों को स्वतंत्रता दिवस, गणतंत्र दिवस मनाने के लिए दायित्व सौंपे जाते हैं। स्कूलों, कॉलेजों को भी फरमान जारी होते हैं। ऐसे फरमानों से रैली की शक्ल में निकली भीड़ में उत्साह की कमी साफ दिखाई पड़ती है। यह सब एक रूटीन की तरह होता है, जिसमें वही सरकारी फॉर्मूला होता है—पीछे देख, आगे चल, यानी आयोजन के पूर्व पुरानी फाइल खोलें। पिछले साल जो कुछ हुआ था, उसी की तर्ज पर इस साल भी सारी व्यवस्था होगी। इस पूरे कार्य में उस तरह का कहीं कोई जुड़ाव नहीं दिखता, जैसा कि हमारे लोक उत्सवों या धार्मिक उत्सवों में दिखाई देता है। आमजन की स्वतंत्रता, स्वाधीनता के इन पर्वों में आमजन की भागीदारी बहुत कम होती है। आम घरेलू महिलाओं का इन राष्ट्रीय पर्वों से सामान्यत: उतना ही सरोकार होता है, जितना कि उनके बच्चों को स्कूल में कार्यक्रमों, रैली आदि में भाग लेने का होता है। यदि अनिवार्यता न हो तो कोई अपने बच्चों को भी ऐसे राष्ट्रीय पर्व के समारोह में न भेजे। हमारे जो भी उत्सव, त्योहार, आयोजन बड़े जोर-शोर से मनाए जाते हैं, उनमें महिलाओं की जबरदस्त भागीदारी और उत्साह होता है। हमारे बहुत से त्योहार महिलाओं की वजह से ही मनाए जाते हैं, वरना कामकाजी पुरुष को तो कई बार त्योहार के आने का भान भी नहीं होता।

सरकारी तंत्र से जुड़े लोग आदेश का पालन करने के लिए ही स्वतंत्रता दिवस मनाते हैं। इसके बाद भी स्वतंत्रता दिवस के आयोजनों में मजबूरी में ही गिने-चुने लोग पहुँचते हैं। वे यह महसूस नहीं करते हैं कि आजादी हमको संघर्षों के बाद मिली है और इस आजादी के मायने क्या हैं? वे तो सिर्फ अपने हित को सर्वोपरि समझ लेते हैं। स्वतंत्रता दिवस को हम उस तरह से याद करते हैं, जिस तरह से हिंदू धर्म में अपने पुरखों को एक दिन याद कर तर्पण कर लेते हैं।

राष्ट्रीय पर्व में महिलाओं की अनुपस्थिति या फिर कम भागीदारी के कारण ही ये पर्व उस तरह से हमारे घरों में जगह नहीं बना पाए हैं, जैसे कि

होली, दीवाली, गणेशोत्सव, ईद, बकरीद, क्रिसमस, गुरुनानक जयंती। हमारे धार्मिक त्योहारों की तरह हमारे राष्ट्रीय पर्व जनमानस को स्व-प्रेरित नहीं कर पाए। महिलाओं की अनुपस्थिति इसका बड़ा कारण है। हम पड़ताल करें तो हमें बहुत से कारण दिखाई पड़ते हैं। पहला बड़ा कारण राष्ट्रीय स्वतंत्रता आंदोलन से जुड़े शहीदों, नेताओं, व्यक्तियों के नाम से मात्र स्कूल, कॉलेज और दीगर संस्थाओं के नाम रखे। जो हैं तो किंतु वहाँ पढ़नेवाले बच्चों को उनके बारे में नहीं बताया जाता और न ही शिक्षकों में इस दिशा में कोई उत्सुकता दिखाई पड़ती है। हिंसा, आतंकवाद और मार-धाड़ के इस दौर में बड़े हो रहे बच्चों को लगता है कि आजादी की लड़ाई में जेलों को जलाया गया, एसेंबली में बम फेंके गए तथा किसी अंग्रेज की हत्या करना कोई बहुत बड़ी बात नहीं थी। अहिंसात्मक आंदोलन तो उन्हें निराश ही करता है। गांधीजी उन्हें अप्रासंगिक लगते हैं। उन्हें स्वतंत्रता आंदोलन से जुड़ी घटनाएँ छोटी लगने लगती हैं। यही वजह है कि स्वतंत्रता आंदोलन से जुड़ी फिल्में भी उन्हें उस तरह प्रोत्साहित नहीं करतीं जैसी कि अन्य कॉमर्शियल फिल्में। यही कारण है कि 'टैक्स फ्री' करने के बाद भी राष्ट्रभक्ति की फिल्में ज्यादा नहीं चलतीं। कोई इतिहास में नहीं जाना चाहता। सब वर्तमान में जीना चाहते हैं। ऐसी पीढ़ी भी धीरे-धीरे समाप्त हो रही है, जो इतिहासबोध कराए। नाना-नानी, दादा-दादी के किस्सों-कहानियों का स्थान अब टी.वी. धारावाहिकों ने ले लिया है। सीरियलों, कार्यक्रमों से भी स्वतंत्रता आंदोलन गायब हैं।

हमारे राष्ट्रीय पर्व, जो हमारी आजादी और हमारे संविधान में प्रदत्त मौलिक अधिकारों की याद दिलाते हैं, हमारे राष्ट्रीय नेताओं की जयंती और आजादी की लड़ाई से जुड़ी अनेक तिथियाँ, व्यक्तित्व, स्थान हमारी स्मृति से विस्मृत हैं। आम आदमी अपने आपको आजादी के इन पर्वों से दूर पाता है। उसे कहीं यह अहसास है कि यह आजादी अधूरी है। यह आजादी कुछ लोगों के लिए है। आजादी के मायने सही अर्थों में लोगों तक पहुँचें और आजादी की लड़ाई जिन मूल्यों एवं सपनों को पूरा करने के लिए लड़ी गई थी, वे पूरे हों, तब जाकर लोगों को सही अर्थों में स्वतंत्रता की अनुभूति होगी। हम सब विचारें कि हम कब तक आदेशों और अवकाशों से अपने राष्ट्रीय पर्वों को याद रखेंगे!

□

संवेदनशील प्रशासन

'सूचना का अधिकार' की ही तरह 'सिटीजन चार्टर' की भी भद उड़ने लगी। सिटीजन चार्टर, जिसके माध्यम से जनता की रोजमर्रा की जरूरतों से जुड़े कार्यों को एक निश्चित समय-सीमा में करने का प्रावधान था, वह चार्ट, बोर्ड के रूप में कलेक्टर कार्यालय में अब धूल खा रहा है। सिटीजन चार्टर की व्यवस्था के चलते लोगों में विश्वास जगा था कि अब बाबू साहब और अफसर की मरजी से काम नहीं होगा। सबकुछ समय-सीमा में हो जाएगा, किंतु आजाद भारत में देखे गए बहुत सारे सपनों की तरह ही यह सपना भी जल्दी टूट गया। सरकारी मशीनरी उसी गति, कथित नियम प्रक्रिया और असंवेदनशीलता से काम करने लगी, जिसके लिए वह बदनाम है। सरकारी दफ्तरों में बैठे लोगों के आचरण किसी कड़क थानेदार या निर्मम अफसर की तरह दिखलाई पड़ते हैं। दफ्तर थानों में तब्दील होते नजर आते हैं।

ऐसा नहीं था कि आम जनता के हित में बिलकुल नहीं सोचा गया। सरकारी स्तर पर कभी 'आपकी सरकार आपके द्वार' तो कभी 'प्रशासन गाँव की ओर' तो कभी 'जनसमस्या निवारण शिविर' या फिर 'ग्राम संपर्क अभियान' के जरिए जनता तक पहुँचकर उसकी फौरी तौर पर मदद की कोशिश भी हुई, जो अभी भी जारी है, किंतु जनता की समस्याओं के निराकरण हेतु मौजूद प्रशासकीय तंत्र के ये प्रयास नाकाफी थे। एक ऐसा वर्क कल्चर सरकारी संस्थानों में विकसित नहीं हो पाया है, जो हमें आश्वस्त करे कि बिना जान-पहचान, भेंट-पूजा, सिफारिश, टाल-मटोल, लेट-लतीफी के

हमारा काम एक निश्चित समय-सीमा में पूरा हो जाएगा।

अलग-अलग सरकारों, प्रशासकों ने मौजूदा तंत्र में सुधार के लिए कभी अहमदनगर प्रणाली, कभी एकल खिड़की प्रणाली तो कभी एकल नस्ती प्रणाली व्यवस्था लागू की, किंतु आधे-अधूरे मन से बिना मानवीय संवेदना के प्रारंभ किए गए सभी प्रयास लगभग निष्फल रहे। आज भी छोटी-छोटी समस्याओं के लिए, जिनका निराकरण ब्लॉक स्तर पर, तहसील में, जिला मुख्यालय पर हो सकता है, उनके लिए लोग मंत्रालय, राजधानी के चक्कर लगाते हैं। गाँव से लेकर राजधानी तक समूचा प्रशासन तंत्र होने के बावजूद लोग या तो कलेक्टर के पास जाते हैं या फिर मंत्री, मुख्यमंत्री के पास। आम जनता की बात तो दूर है, सरकारी अमला भी अपने तबादले, पदोन्नति के लिए सारे चैनल को दरकिनार कर सीधे ऊपर संपर्क करता है, आवेदन देता है।

कुछ समय पहले अभिनेता से मंत्री बने श्री सुनील दत्त ने दिल्ली में अधिकारियों के सम्मेलन में कहा था कि सरकार का सारा काम फाइलों पर होता है। मेरे पास 40 साल पुरानी फाइलें आ रही हैं। आज जब कंप्यूटर आ गया है तो फिर मोटी-मोटी फाइलें क्यों? उन्होंने कहा कि अधिकारियों को जगाने की जरूरत पड़ेगी। सवाल यह है कि जो सोया है, उसे तो जगाया जाए, पर जो नींद का बहाना कर सोने का नाटक कर रहा हो, उसके लिए क्या किया जाए?

हमारे समूचे शासनतंत्र में 'टाइम फैक्टर' को लेकर सभी स्तरों पर कोई जवाबदेही साफ-साफ तय नहीं है। यही वजह है कि सरकारी तंत्र अपनी मरजी और सुविधा से जनता के मामलों की सुनवाई करता है, उन पर निर्णय लेता है। क्या वजह है कि आवेदक हमेशा याचक की तरह खड़ा रहकर अपने आवेदन-पत्र के निराकरण हेतु साहब और बाबू की मेहरबानी चाहता है? कोई निश्चित जवाबदेही, कार्यपद्धति, प्राथमिकताएँ और मूल्यांकन पद्धति नहीं होने के कारण प्रशासनतंत्र 'अफसर' की मरजी से चलता है। जैसा बड़े साहब चाहते हैं, दफ्तर की, जिले की प्राथमिकताएँ वैसी हो जाती हैं। ऐसे बहुत से उदाहरण हमारे सामने हैं, जहाँ कलेक्टरों की रुचि के कारण कभी

साक्षरता अभियान तो कभी रेडक्रॉस, तो कभी वाटरशेड, तो कभी मशरूम उत्पादन जिले की प्राथमिकताओं में शुमार हो जाता है। अधिकारी के बदलते ही पूरे तंत्र की प्राथमिकताएँ बदल जाती हैं। पिछले कार्यों का कोई आकलन, समीक्षा नहीं होती।

नौकरशाही पर जिन्हें नियंत्रण रखना चाहिए, ऐसे जनप्रतिनिधि, नौकरशाहों के साथ गलबहियाँ करते दिखते हैं। बहुत से नौकरशाह अपनी तमाम आचार संहिता को भूलकर पार्टी वर्कर की तरह कार्य करते दिखते हैं। सत्ता के सूत्र उनके हाथों में रहें, इसलिए वे हमेशा सत्ता के नजदीक बने रहने का प्रयास करते हैं, चाहे फिर सत्ता किसी भी पार्टी की क्यों न हो! यही वजह है कि अब जनप्रतिनिधियों से ज्यादा कुछ खास नौकरशाह पावरफुल दिखते हैं। ठेकेदार, व्यापारी, सत्ता से प्रभावित होनेवाला तबका इनकी शाश्वत सत्ता को स्वीकार करने लगा है और इनके आगे नतमस्तक है। नए-नए जनप्रतिनिधियों को नियम, कानून, सरकारी दाँव-पेंच का ज्ञान नहीं होने का भरपूर फायदा उठाते हुए ऐसे नौकरशाह वही नोट्स, नस्ती तैयार करते हैं, जो उनके हितों के अनुकूल हो। आम जनता के कार्यों में लेट-लतीफी, अड़ंगेबाजी और टाल-मटोल, उपेक्षा भाव रखनेवाले जनप्रतिनिधि को तो पाँच साल में एक बार जनता के सामने उपस्थित होकर अपने किए कार्यों के लिए खरी-खोटी सुननी पड़ती है, उसकी कीमत चुकानी पड़ती है, किंतु नौकरशाह वहीं रहता है और आने-जाने वालों को इशारों-इशारों में बता देता है कि हमसे बचकर कहाँ जाओगे, आना तो हमारे पास ही होगा!

सवाल यह है कि आम जनता से जुड़े बहुत से ऐसे काम हैं, जो बिना विलंब के हो जाने चाहिए, उनके लिए कड़ाई के साथ सिटीजन चार्टर क्यों नहीं लागू किया जा सकता? सैकड़ों बरस पुरानी पटवारी की जरीब के बदले मीट्रिक प्रणाली से जमीन की नाप-जोख करके सील सिक्के युक्त कंप्यूटराइज्ड नक्शे सभी किसानों को क्यों नहीं दिए जा सकते? जो समस्याएँ जिस स्तर की हैं, वे उस स्तर पर क्यों नहीं निपटतीं? सरकारी खजाने में चालान के जरिए, जमा की जानेवाली राशि की प्रक्रिया को क्यों नहीं सरल किया जा सकता? तमाम तरह के टैक्स को पटाने के लिए लंबी-लंबी लाइन

लगाने की जरूरत क्यों है? क्या एक आवेदक को यह जानने का हक नहीं होना चाहिए कि उसके आवेदन-पत्र पर कब तक विचार होकर उसका निराकरण हो जाएगा?

प्रशासन तंत्र को मजबूत और जनता का हितैषी बनाने के लिए जरूरी है कि उसे सबसे पहले संवेदनशील बनाया जाए। हर काम के लिए एक निश्चित समय-सीमा, हर स्तर पर जवाबदेही तय हो। कठिन शासकीय प्रक्रियाओं को सरलीकृत किया जाए। प्रशासन तंत्र में पारदर्शिता के लिए सूचना का अधिकार कड़ाई से लागू हो। सूचना का अधिकार ही एक ऐसा अधिकार है, जो कमजोर वर्गों के संघर्ष को एक साथ सशक्त कर सकता है और उनके लिए नई संभावनाएँ पैदा कर सकता है।

□

स्थापित लोग

मजदूरों एवं कारीगरों की कला का शोषणकर ताजमहल बनवानेवाले शाहजहाँ ने शिल्पियों के हाथ इसलिए कटवा दिए, ताकि दुबारा कोई इस तरह का महल स्थापित करने की जुर्रत न करे। इस तरह शाहजहाँ अपनी ताकत और दौलत के द्वारा अपनी मोहब्बत के क्षेत्र में स्थापित हो गया। अपनी बर्बरता के कारण औरंगजेब इतिहास-पुरुष बन बैठा। हिटलर, मुसोलिनी से लेकर नटवरलाल तक किसी-न-किसी क्षेत्र में स्थापित हुए। इस तरह स्थापित होने का सिलसिला चल पड़ा और आज भी जारी है। कुछ लोग पैदा ही इसीलिए होते हैं कि वे स्थापित हो सकें। उनके दादा, परदादा सभी तो स्थापित थे, फिर वे क्यों वंचित रहें! लकीर के फकीर होना अधिकार है और हमें इससे कोई भी चिंतन विचलित नहीं कर सकता। फिर आजकल स्थापित होने में लगता ही क्या है? साहित्य और राजनीति के क्षेत्र की जमीन स्थापित होने के लिए उर्वरा है। बाकी क्षेत्रों में थोड़ा सा बंजरपन है। खैर, स्थापित होने के अनेक फॉर्मूले हैं।

यदि आपको 'महिला' होने का विशेष दरजा प्राप्त है तो रातोरात स्थापित हो सकती हैं। आपकी खूबसूरती और दरियादिली आपको स्थापित करवाने के लिए पर्याप्त हैं। फिल्म के क्षेत्र में स्थापित होने के लिए बदन को थोड़े कम कपड़ों से आच्छादित करना होगा, वहीं साहित्य के क्षेत्र में पत्र-पत्रिकाओं के संपादकों से संबंध भी मधुर रखने होंगे, आप देखते-ही-देखते स्थापित हो जाएँगी। राजनीति में भी उदार एवं सहृदय महिलाओं के लिए 'हंड्रेड परसेंट गारंटी' है। हमारे जागरूक नेता इसी ताक में रहते हैं, ताकि वे समय रहते महिलाओं को पुरुष के बराबर का दरजा दिला सकें और कंधे से कंधा मिलाकर

काम कर सकें। साहित्य एवं राजनीति के क्षेत्र में खूबसूरत चेहरों की स्थापना को लेकर प्रतिस्पर्धा चल रही है। समझदार किस्म के पति स्वयं के नाम से न लिखकर पत्नी के नाम का प्रयोग करते हैं। देखते-ही-देखते सारी अस्वीकृत रचनाएँ छपने लगती हैं।

स्वतंत्र भारत में राजा-महाराजा, मंत्री, विधायक, पूँजीपति आदि के परिवारजनों को जनता के बीच स्थापित होने का लाइसेंस प्राप्त है। यही कारण है कि आए दिन कोई-न-कोई युवराज हम पर चुनाव के बहाने लाद दिया जाता है। चमचा संस्कृति के विकासवाद ने अब स्थापित होने की प्रक्रिया को सरलीकृत कर दिया है। देश का हर दूसरा आदमी स्थापित होने के लिए अलग-अलग बैनर लिये अपने 'वाद' के 'स्लोगन' के साथ दिखाई देता है। उसके पास सिर्फ एकसूत्रीय कार्यक्रम है—'हमें स्थापित होने दो।'

'स्थापना' शब्द की हमारे यहाँ बहुत महत्ता है। गणेशजी की स्थापना से लेकर नेताजी की स्थापना तक का कार्य पूर्ण विधि-विधान से संपन्न होता है। अधिकांशत: अपनी स्थापना को लेकर किसी दूसरे स्थापित को उखाड़ने में लगे हुए हैं। यह विचारों की लड़ाई नहीं लोभी महत्त्वाकांक्षाओं की लड़ाई है।

कुछ इसे आलोचना कहकर स्वयं आलोचक बन बैठे हैं। स्थापित होने की खुली स्पर्धा के कारण हमारे आदरणीय जनप्रतिनिधियों द्वारा ऐसे-ऐसे रिकॉर्ड स्थापित किए जा रहे हैं कि हम यदि उन्हें शब्दों में बाँधना चाहें तो उतने नीचे स्तर के शब्द हमारे शब्दकोश में ही नहीं हैं। देश के नवीनतम स्थापित रिकॉर्डों में भ्रष्टाचार, महँगाई, भुखमरी, बेरोजगारी, भाई-भतीजावाद, कालाबाजारी, गलाकाट स्पर्धा आदि क्षेत्रों के रिकॉर्ड अविस्मरणीय हैं। इन रिकॉर्डों को शायद ही कोई देश तोड़ पाए। ये हमारे गणतंत्र के 65 सालों की उपलब्धि हैं। हम उस देश के वासी हैं, जहाँ हिमालय से भी ऊँचा भ्रष्टाचार का पर्वत है।

पहले स्थापित होने के लिए मंदिर-मसजिद या महल बनवाए जाते थे, ताकि सनद रहे और वक्त-जरूरत याद के काम आए। यह दौर 'शॉर्टकट' का है, लोग मकबरे बनवाने के स्थान पर एक-दूसरे की कब्र खोद रहे हैं। स्थापित होने के लिए मंदिर-मसजिद के माध्यम से अवैध कब्जे का कारोबार भी जारी है। प्रजातंत्र की जमीन पर पाँच साल के लिए लीज देकर स्थापित किया गया

नेता अपनी 'लीज' अवधि में ही इतना मजबूत हो जाता है कि उसे जनता की पीड़ा के स्मारकों की नींव की चरमराहट सुनाई नहीं देती।

सत्ताहीन होते ही श्रवणशक्ति कम होने लगती है। वह नए-नए नारों, शिलान्यास के नाम पर खाली दीवारों की स्थापना में जुट जाता है। शिलान्यास का पत्थर निर्माण कार्य की राह उसी तरह जोहता है, जिस तरह कि पंजीकृत बेरोजगार युवक रोजगार कार्यालय से 'इंटरव्यू कॉल' की। तारीखें बदलती हैं, शिलान्यास का पत्थर भी बदल जाता है। नए नेता के आगमन पर पुनः नया पत्थर लगाया जाता है। उसके जाने के बाद किसी तीसरे के नाम पर फिर··· यह सिलसिला चलता रहता है।

स्थापितों में दो श्रेणियाँ पाई जाती हैं। एक नेता वे, जो मरने के बाद स्थापित होते हैं, दूसरे वे, जो जीते जी स्थापित होते हैं। अधिकांश जिंदा व्यक्ति अपने आपको बलात् स्थापित करवा लेते हैं। स्थापित होना सर्वगुण संपन्न होना है। आपको राय चाहिए या नहीं, वे आपको राय देंगे, क्योंकि वे स्थापित हैं। साहित्य अकादमी, रेडियो, दूरदर्शन आदि स्थापना में महत्त्वपूर्ण भूमिका निभाते हैं। ये चाहें तो किसी भी ऐरे-गैरे नत्थू-खैरे को स्थापित करवा सकते हैं और करवा भी रहे हैं। समझदार किस्म के लोग अपनी स्थापना के लिए कुछ हुनरमंद शागिर्द पाले रखते हैं, जो स्वयं समय रहते उन्हें महान् घोषित कर देते हैं। बहुत सी संस्थाएँ इसी तरह के कार्यों में लगी हुई हैं, सिर्फ खर्च आपको उठाना है। समझदार लोग मरने के पहले तथा प्रतिभावान मरने के बाद स्थापित होने की उम्मीद में अपमान और पीड़ा के साथ एक भ्रम का जीवन जीते हैं।

□

बस्तर : चुनौतियाँ और संभावनाएँ

पूरे देश में अपनी आदिवासी संस्कृति, लोकनृत्य, सहज जीवन, घने जंगल अबूझमाड़, घोटुल और प्राकृतिक खनिज संपदा के लिए जाना जानेवाला बस्तर पिछले डेढ़ दशक से पूरे देश में माओवादी नक्सलाइट हिंसा के लिए जाना जाता है। बस्तर का विकास पाँचवीं अनुसूची के अनुसार हो या यहाँ पर छठी अनुसूची लागू की जाए, इस बहस के बीच यह बात भी कही जाती है कि जवाहरलाल नेहरू, एल्वीन वालयर ने जो आदिवासी विकास की नीति बनाई थी, उसका कितना क्रियान्वयन बस्तर में हुआ है? आजादी के बाद सन् 1956 से मध्य प्रदेश का हिस्सा रहा बस्तर नवंबर 2000 से छत्तीसगढ़ का हिस्सा है। छत्तीसगढ़ में जो वनक्षेत्र है, उसका सबसे बड़ा भाग बस्तर में है। बस्तर का प्राकृतिक सौंदर्य, यहाँ का दशहरा और यहाँ की कला संस्कृति हमेशा से सैलानियों के लिए आकर्षण का कारण रही है। अब बहुत सारे एन.जी.ओ., मीडियाकर्मी बस्तर में नक्सलाइट गतिविधियों के अध्ययन के लिए आने लगे हैं। नक्सलवाद ने पिछले डेढ़ दशक में बस्तर में जो अपनी पैठ बनाई है, उसका एक बड़ा कारण बस्तर का आंध्र प्रदेश, उड़ीसा, महाराष्ट्र की सीमा से लगा होना है, जहाँ जंगल के रास्ते नक्सलाइट गतिविधियाँ आसानी से संचालित हो सकती हैं। बस्तर का अबूझमाड़ क्षेत्र अभी भी बुनियादी सुविधाओं, सड़कों, संचार साधनों से कोसों दूर है। यही वजह है कि नक्सलाइट इसे अपना ट्रेनिंग ग्राउंड समझते हैं और यहाँ से प्रशिक्षण लेकर पूरे देश में नक्सलवादी गतिविधियाँ संचालित करते हैं।

नक्सलवाद से बुरी तरह जूझ रहे बस्तर के भोले-भाले आदिवासी यह

नहीं समझ पा रहे हैं कि उनका असली शत्रु कौन है! वे लोग हैं, जो सदियों से उनकी बहुमूल्य वनोपज नमक और खाने-पीने की चीजों को उनसे सस्ते में हड़प लेते हैं या वे लोग हैं, जिन्हें सरकार ने उनकी सेवा सुरक्षा और जंगल की चौकसी के लिए अपनी ओर से तैनात किया है या वे माओवादी, जो एक शोषणमुक्त समाज बनाने का स्वप्न दिखाकर उनके बीच आए थे? जानकार लोगों का मत है कि नक्सलवादी बंदूक के जरिए अपनी सत्ता हासिल करना चाहते हैं। उनके लिए जल, जंगल, जमीन, आदिवासी उतने महत्त्वपूर्ण नहीं हैं, जितना उनके लिए सशस्त्र क्रांति। माओ को माननेवाले लोग बस्तर में वही काम करने देते हैं, जो उनकी सहूलियत का है। वे भारतीय संविधान के खिलाफ हैं और भारत के खिलाफ एक प्रकार से युद्ध की बात करते हैं। नेपाल के माओवादियों ने जब मुख्यधारा में आकर चुनाव में हिस्सा लिया, तब यहाँ के नक्सलवादी नेताओं ने उसकी खूब आलोचना की। यदि आज बस्तर में थोड़े-बहुत स्कूल संचालित हो रहे हैं तो यह नक्सलाइटों के रहमोकरम पर है। बस्तर की समस्या और नक्सलाइट मूवमेंट को समझनेवाले लोगों का मानना है कि इस समस्या के निदान के लिए पहले अध्ययन की आवश्यकता है। आज जो विकास का मॉडल है, उसके अलावा वैकल्पिक मॉडल बनाने की जरूरत है, जो नक्सलवाद से निपट सके। सशस्त्र क्रांति के इतिहास को जाननेवाले लोगों का मानना है कि सन् 1946 के बाद पूरे विश्व में कहीं पर भी सशस्त्र क्रांति सफल नहीं हुई है, तो यहाँ पर भी यह सफल नहीं होगी, बशर्ते कि हम इसको समझकर इससे निपटें।

बस्तर सहित अन्य आदिवासी क्षेत्रों की समस्या पर जब हम बात करते हैं, तब हमें यह भी देखना होगा कि नागर समाज का व्यवहार आदिवासी समाज के साथ कैसा है! छत्तीसगढ़ का संपन्न वर्ग बस्तर की समस्या को किस रूप में देखता है, वह वहाँ के वनवासी को कितना अपना समझता है! जातिगत आरक्षण और मंडल कमीशन के बीच बड़ी हो रही पीढ़ी, जिसमें सुविधाभोगी समाज के लोग शामिल हैं, क्या वे आदिवासी, दलित, गरीब को लाभ देने के पक्ष में हैं? बस्तर में आए दिन होनेवाली हिंसा में मारे जानेवाले निर्दोष आदिवासी और अन्य लोगों के प्रति शहरी संपन्न समाज कितना संवेदनशील है?

बस्तर की समस्या के साथ उसकी संभावनाओं पर विचार करते समय यह बात भी पुरजोर तरीके से सोची जानी चाहिए। बस्तर के लोगों को रोजगारमुखी कार्यक्रमों से जोड़ा जाए, वहाँ की लोक संस्कृति से किसी प्रकार का खिलवाड़ न हो, बस्तर के आदिवासियों की सभी कार्यों में जीवन सहभागिता हो, आवागमन के साधन बढ़ें, शिक्षा का विस्तार हो, बस्तर में होनेवाले औद्योगिक विकास को इस तरह से किया जाए कि उससे आदिवासियों की संस्कृति और जंगल नष्ट न हों। बस्तर के आदिवासी को अपनी रोजमर्रा के जरूरतों के लिए पचास–पचास कि.मी. हाट–बाजार में पैदल न जाना पड़े। बस्तर की वनोपज का सही मूल्य वहाँ के आदिवासी समाज को मिले, इसके लिए बाजार की व्यवस्था नियंत्रित रहे। विकास के लिए ऐसा मॉडल चुना जाए, जो यहाँ की सामाजिक–सांस्कृतिक विरासत को ध्यान में रखे और ज्यादा–से–ज्यादा लोगों की भागीदारी हो।

बस्तर के हालात पर विचार करते समय यह बात भी जेहन में आती है कि जो समाज अपने मूल संसाधन से वंचित हो, उसका मनोबल कितना रह जाएगा? आज बस्तर बड़ी छावनी में तब्दील हो गया है। यहाँ के रहवासी डर के साए में जी रहे हैं। यह बहुत ही खराब और भयावह है। यहाँ की कला, संस्कृति, बोलियाँ खतरे में हैं। बस्तर की लोककला और वनोपज बाजार में है, जिसका लाभ बिचौलिए ले रहे हैं। यहाँ पर अब तक जो भी थोड़ा–बहुत औद्योगिकीकरण और शहरीकरण हुआ है, उसका लाभ भी बस्तर के आदिवासियों को नहीं मिला है। बस्तर के ग्रामीण सुविधाओं से वंचित रहकर शिविरों में रहने के लिए मजबूर हैं। वे अपने सांस्कृतिक परिदृश्य और सहज जीवन से वंचित हैं। अगर हम बस्तर को वाकई भयमुक्त और तरक्की करते देखना चाहते हैं तो हमें बस्तर पर गंभीर विमर्श करके एक ऐसा मॉडल तैयार करना होगा, जो बस्तर की संस्कृति, वहाँ के जंगल, वहाँ के रीति–रिवाज और वहाँ के जीवन को सुरक्षित रखते हुए तरक्की की ओर ले जाए।

□

जर्नी ऑफ अमरीका

कितनी अजीब स्थिति हो जाती है उस समय, जब आप किसी की जी भरके आलोचना करते हों और अनायास आप उसके सामने खड़े हों! आपके लिए यह तय कर पाना मुश्किल होता है कि मैं आज तक जिन मामलों में दूर बैठे-बैठे आलोचना कर रहा था, शायद मेरी आलोचना एकतरफा थी, एकांगी थी, पूर्वग्रह से पीड़ित थी। अमरीका को लेकर मेरी स्थिति कुछ ऐसी ही है। अपने छात्र जीवन और नौकरी के प्रारंभिक समय से मैंने जो भी पढ़ा-लिखा, सुना, उसमें मेरे सामने अमरीका का एक साम्राज्यवादी चेहरा ही सामने था, जो पूरी दुनिया पर हुकूमत करना चाहता है, पूरी दुनिया को हिकारत की नजर से देखता है, मानो पूरी दुनिया उसकी गुलाम हो! अनेक अवसरों पर मैंने साम्राज्यवादी व्यवस्था के विरोध में नारे लगाए, रैली निकाली और जाने क्या-क्या कहा! जब-जब मैंने पूँजीवाद, साम्राज्यवाद को गाली दी, तब-तब मैंने अमरीका को भी गाली दी।

कभी स्वप्न में भी यह विचार नहीं आया कि मैं अमरीका जाऊँ! मुझे लगता था कि ऐसी जगह क्यों जाना चाहिए, जहाँ कि हमें काले कीड़े समझा जाता है! जहाँ बराबरी की कोई बात नहीं, सारी व्यवस्था, सारे लोग शोषक हैं, पर इधर के कुछ सालों में मैंने यह भी देखा कि हर पढ़े-लिखे, खासकर के कंप्यूटर, आई.टी. से पास इंजीनियर और बहुत सारे ऐसे लोग, जो तेजी से पैसा कमाना चाहते हैं, सबकी आँखों में अमरीका बसता है।

हर पढ़ा-लिखा महानगरीय भारतीय अपने दिमाग में अमरीका बसाता है और वह चाहता है कि किसी भी तरह उसे अमरीका का वीजा मिल जाए।

11 सितंबर, 2003 को अमरीका में हुए बम विस्फोट के बाद थोड़ा अफरा-तफरी का माहौल रहा, फिर धीरे-धीरे अमरीका की चाहत लोगों के जेहन में कुलबुलाने लगा।

सिलिकॉन सिटी में गए भारतीय कंप्यूटर इंजीनियर द्वारा कमाए जा रहे डॉलर हों या फिर किसी गुजराती भाई द्वारा खोले जा रहे होटल हों या सरदारजी द्वारा चलाई जानेवाली टैक्सी हो, सबने तेजी से डॉलर कमाए। ये कमाई की गंध पूरे देश के युवाओं के नथुनों में तेजी से घुसने लगी और अधिकांश टैक्नोक्रेट युवा अमरीका के ख्वाब पालने लगा। इसी तरह एच-1 वीजा लेकर जल्दी से अमरीका की उड़ान भरी जाने लगी।

जॉर्ज वाशिंगटन द्वारा स्थापित यूनाइटेड स्टेट ऑफ अमरीका, जिसकी शुरुआत अंग्रेजों की 13 कॉलोनियों से हुई थी, वह अमरीका अब बहुत सारे छोटे-छोटे राज्यों को खरीदकर इतना समृद्ध हो गया है कि उसे किसी और की जरूरत ही नहीं पड़ती। अमरीका अच्छे व्यापारी की तरह पाई-पाई का हिसाब रखता है। यही वजह है कि आज पूरी दुनिया में अमरीका का सिक्का चलता है। हमारे देश में भले ही हम आना-चार आना को भूल गए हों या उसकी बाजार वैल्यू कम हो गई हो, किंतु अमरीका में ऐसा नहीं है। चाहे आप एक पेनी या पाँच पेनी या दस डाईन या एक क्वाटर, कुछ भी वापिस ले रहे हों या दे रहे हों, तो इसका हिसाब भी आपको रखना होगा।

अमरीका में राष्ट्रपति के चुनाव का माहौल है। पूरा देश टी.वी. पर आनेवाली डिबेट को लेकर चर्चा कर रहा है। वर्तमान राष्ट्रपति बराक ओबामा फिर से चुनाव मैदान में हैं। उनके खिलाफ रोमनी खड़े हुए हैं। सभी जगह पॉलिसी और मुद्दों को लेकर बहस छिड़ी हुई है। टी.वी. चैनल, अखबार सब अपने-अपने तरीके से विश्लेषण कर रहे हैं। एक अच्छे जनतंत्र में सभी को अपनी बात, विचार रखने का अधिकार होना चाहिए। अमरीका में यह बात सब जगह देखने को मिली।

हमारे देश में जिन मुद्दों को लेकर अन्ना हजारे से लेकर अरविंद केजरीवाल, अरुणा राय और बहुत सारी संस्थाएँ, व्यक्ति लगातार संघर्षरत हैं, वे सारी व्यवस्थाएँ अमरीका में पूर्व से लागू हैं। 'राइट टू रिकॉल' हो या

फिर सिटीजन चार्टर या सूचना का अधिकार, ये सब बातें यहाँ की कार्यपद्धति का हिस्सा हैं।

राष्ट्रपति चुनाव की बहस के दौरान 'मिस्टर प्रेसीडेंट' कहकर किसी भी नागरिक का संभावित उम्मीदवारों से सीधे सवाल पूछना, अच्छे प्रजातंत्र की निशानी है। टी.वी. पर आनेवाली बहस हो या राष्ट्रपति, गवर्नर या सीनेट के पद के उम्मीदवारों के बारे में व्यंग्यात्मक टिप्पणी, कार्यक्रम, सभी में कहीं-न-कहीं जनतंत्र की झलक साफ दिखाई दी।

अमेरिकन अपने पूर्व इतिहास से मुक्त होना चाहते हैं, वे उन सारी बातों से अपने को मुक्त, उलट रखना चाहते हैं, जो उनको इंग्लैंड के कालोनियन इतिहास की याद दिलाती हैं। अमरीका में चाहे सड़क पर चलने का मामला हो या वहाँ के मीडिया, इंग्लैंड से उलट अमरीका में राइट हैंड ड्राइविंग है। राजा, महाराजा, मालिक, नौकर, गुलाम इन सबसे उल्ट यहाँ बराबरी की बात है, यहाँ हर नागरिक बराबर है। उसके द्वारा किया जानेवाला 'काम' न छोटा है, न बड़ा। सबको अपने मनुष्य होने पर, अमेरिकन होने पर गर्व है। मनुष्य की गरिमा का यहाँ पूरा सम्मान है। हालाँकि अश्वेत की घृणित ग्रंथी से अभी भी मुक्त नहीं हुए हैं।

अमरीका के अलग-अलग शहरों में घूमते हुए लोगों से मिलकर, बात करके मैंने यह महसूस किया कि जात-पाँत, ऊँच-नीच, काला-गोरा, मोटा-नाटा, छूत-अछूत सबसे परे, यहाँ के लोग अपने मनुष्य होने के, अमेरिकन होने के गर्व से भरे हुए हैं। हालाँकि कहीं श्वेत-अश्वेत की खाई है, लेकिन ऐसे कि उसकी परतें सामान्य आँखों से दिखाई नहीं पड़तीं। दिल में कहीं भीतर वह रंग जमा होगा, जिसे नई पीढ़ी साफ करती दिखती है। बहुत से स्कूली बच्चे, जिनमें श्वेत-अश्वेत सभी शामिल थे, एक-दूसरे के साथ वैसे ही सहज दिखाई दिए, जैसे वे अपने परिवारजनों के बीच। कहीं-कहीं कुछ अश्वेत लोग तेज-तेज बात करते, थोड़ा उतावला व्यवहार करते दिखाई दिए, उसके उलट पढ़े-लिखे लोग संयत और दूसरे की निजता का उसी तरह सम्मान करते हुए दिखे, जैसे कि बाकी अमेरिकन। इसका कारण जानने पर शिक्षा और संस्कार की बात सामने आई।

इतिहास श्वेत-अश्वेत का

अमरीका के हर पर्यटक स्थल, बड़े शहर में व्यवस्थित म्यूजियम देखने को मिले। ये म्यूजियम उन उपलब्धियों, इतिहास के हैं, जो अमरीका की गौरव गाथा को दरशाते हैं। इतिहास की सीमाओं से परे जाकर, अपना एक नया इतिहास बनाने की लालसा दिखाई देती है। द्वितीय विश्वयुद्ध की उपलब्धियों को दरशानेवाली बात हो या अंतरिक्ष में विजय पाने की गौरव-गाथा या फिर बोइंग विमान बनाने की कहानी, सबको बहुत ही गर्व के साथ सिलसिलेवार प्रदर्शित किया गया है, यहाँ के म्यूजियम में।

म्यूजियम का विवरण

अपनी यात्रा के प्रारंभ में मैंने अपने प्रिय कवि विनोद कुमार शुक्ल की ये कविता फेसबुक पर अपनी भावनाओं को विस्तार देने की दृष्टि से डाली थी—

"घर से दूर होकर देखना चाहिए घर को"

अमरीका में कविता को दुविधा के साथ सामने महसूस किया। दक्षिण एशिया के लोगों को जो डील-डौल, रंग-रूप में एक से दिखाई देते हैं, लोग उन्हें अमरीका में 'देशी' के नाम से संबोधित करते हैं। ऐसे ही एक श्रीलंका के देसी भाई राजन ने, जो पेशे से ड्राइवर है, बफेलो एयरपोर्ट से होटल छोड़ते समय हमसे बहुत सी बातें कीं—श्रीलंका के बारे में, भारत के बारे में, अमरीका के बारे में। बातचीत में धीरे-धीरे आत्मीयता की, क्षेत्रीयता की स्वाद की या यूँ कहें रंग, गंध, खान-पान की मिठास ऐसे घुलने लगी कि राजन ने हमें नियाग्रा से वापसी के समय अपने घर खाने का आमंत्रण दे दिया। हम दुविधा में थे। पत्नी रचना सहसा तैयार नहीं हुई। फिर भी हमने कहा, 'लौटते में आपके घर आएँगे।' नियाग्रा में इंडियन होटल की तलाश करते समय एक टैक्सी ड्राइवर सरदारजी मिले। उन्होंने हमें बिना पैसे के इंडियन रेस्टोरेंट तक छोड़ा और पूछा हम कब तक हैं? हमें एयरपोर्ट कब जाना है। अपना मोबाइल नंबर दिया और कहा आप बुला सकते हैं। हमारी दुविधा ये थी कि हम पहले ही अपने श्रीलंकाई साथी को, राजन से, होटल से एयरपोर्ट वापसी का वादा कर चुके थे। एक तरफ

हमारे अपने देश के सरदारजी थे, दूसरी तरफ हमारा देशी भाई राजन। खैर, हमने पहले राजन से वादा किया था, सो हम राजन के साथ ही गए।

अमेरिकन समाज के मूल्य और लोकतंत्र के मूल्य एक-दूसरे से कैसे मेल खाते हैं, इसका उदाहरण कई अवसरों पर देखने को मिला। व्हाइट हाउस के सामने एक अश्वेत अमेरिकन कालर बाइक और छोटे-छोटे स्पीकर के साथ बहुत से बैनर-पोस्टर लगाकर ओबामा सरकार की नीतियों की खुलेआम आलोचना कर रहा था और उस तक सभी पर्यटकों की आवाजाही बनी हुई थी, किंतु दूर खड़े पुलिस के दो सिपाही उसे ऐसा करने से रोक नहीं रहे थे। इसी तरह 'स्टेचू ऑफ लिबर्टी' जाने के लिए जब हम बैटरी पार्क में लंबी लाइन में लगे थे तो एक व्यक्ति गीत, संगीत, अपनी विनोदप्रियता, व्यंग्यात्मकता के साथ बहुत कुछ ऐसा कर रहा था, जो अमेरिकन समाज, शासक वर्ग की हँसी उड़ाने जैसा था, किंतु लोग इसका स्वस्थ आनंद ले रहे हैं। अमेरिकन समाचार-पत्र, टी.वी. के कार्यक्रमों में भी सीधे-सीधे नीतिगत बातों को लेकर सरकार की आलोचना देखने को मिली।

बस, एक भयावह सच्चाई से अमरीका भी मुक्त नहीं है। चुनावों में उद्योगपतियों की स्वार्थी उपस्थिति।

अमरीका की जनतांत्रिक व्यवस्था में पूँजी का महत्त्व बढ़ने लगा है। राष्ट्रपति चुनाव में बड़ी-बड़ी कंपनियों द्वारा खुलकर चंदा दिया गया है। कुछ कंपनियाँ बराक ओबामा के साथ खड़ी दिखाई दे रही हैं तो कुछ कंपनियाँ मीट रोमिनी के साथ। पूँजी की माया एक पुरानी लोकतांत्रिक व्यवस्था में कैसे घुसपैठ बनाती है, अमरीका के ये चुनाव उसकी मिसाल हैं। फिर भी अमेरिकन समाज में 'राइट टू रिकॉल' का प्रावधान होने से किसी भी प्रतिनिधि को वापस बुलाया जा सकता है। जनता की भावनाओं, बहुमत का सम्मान यहाँ बहुत हद तक बचा है, जो हमारे देश में नदारद है। किसी भी कार्य के विरुद्ध यदि कोई समूह आवाज उठाता है, विरोध करता है तो उसकी शंका के समाधान के बाद ही उस कार्य को अंजाम दिया जाता है। यदि किसी क्षेत्र विशेष के आधे से अधिक लोग उस क्षेत्र में होनेवाले किसी कार्य का विरोध करते हैं तो वह कार्य जन भावनाओं को देखते हुए स्थगित किया जाता है और जब तक जनमत इसके लिए सहमत

नहीं होता, तब तक यह कार्य नहीं किया जाता है। यहाँ का प्रत्येक नागरिक अपने नागरिक कर्तव्यों, अधिकारों और दायित्वों के प्रति काफी सजग है। राजनीतिक चेतना भी सभी स्तरों पर दिखाई देती है। सेक्स से लेकर तमाम खुलेपन के बावजूद वे जनप्रतिनिधि को दूध का धुला देखना चाहते हैं। नेतृत्व के लिए आगे आनेवाले महत्त्वपूर्ण पदों पर शुचिता को लेकर बहुत ध्यान दिया जाता है। महत्त्वपूर्ण पदों पर आसीन होनेवाले लोगों से यह उम्मीद की जाती है कि वे अपने बारे में सही-सही जानकारी देंगे और ऐसा कोई आचरण नहीं करेंगे, जो अभद्र हो, अवांछनीय हो। यही वजह है कि यहाँ लोग एक-दूसरे पर अनावश्यक छींटाकशी नहीं करते, एक-दूसरे के बारे में अनर्गल बातें नहीं करते।

अमेरिकन समाज व्यक्ति की निजता को सम्मान देता है। पूरा समाज व्यक्ति केंद्रित है। इस व्यक्तिवादी व्यवस्था के कुछ फायदे हैं, तो नुकसान भी हैं। यहाँ के लोग अपने काम-से-काम रखते हैं। किसी के घर बिना बुलाए, असमय नहीं जाते। मदद के लिए भी उस तरह आगे नहीं आते, जैसे कि हमारे अपने देश में। इस संदर्भ में मुझे लॉस एंजिल्स की एक घटना याद आती है। हम हॉलीवुड के पास एक होटल में ठहरे थे। दूसरे दिन हमें डिजनीलैंड देखने जाना था। दोनों के बीच में काफी दूरी को देखते हुए हमने दूसरे दिन डिजनीलैंड के एक होटल में रिजर्वेशन कराया। जब हम दूसरे दिन हॉलीवुड के पास के होटल डिजनीलैंड के पास के होटल जा रहे थे, रास्ते में हमारी टैक्सी का एक टायर पंचर हो गया। टैक्सी चालक, जो कि अरब मूल का एक अमेरिकन नागरिक था, ने टैक्सी की डिक्की खोलकर चक्का बदलने का प्रयास किया। चूँकि गाड़ी बिल्कुल ही नई थी और टैक्सी चलानेवाले सज्जन पहली बार इसे चला रहे थे, इस कारण उन्हें स्टेपनी और जैक वगैरह नहीं मिल पा रहे थे। जैसे-तैसे गाड़ी एक पेट्रोल पंप, जिसे अमरीका में गैस स्टेशन कहते हैं, वहाँ पहुँची। चालक महाशय ने गाड़ी का चक्का बदलने का प्रयास किया, किंतु गाड़ी नई होने के कारण उन्हें ऐसा करने में कठिनाई हो रही थी। तब मेरी पत्नी और मैंने उनसे कहा कि यहाँ किसी की मदद ले लेते हैं, तो उन्होंने कहा कि यहाँ इस तरह से कोई किसी की मदद नहीं करता; खुद से ही सब करना होता है। थोड़ी देर के प्रयास के बाद स्टेपनी टूल्स सब मिल गए। टैक्सी ड्राइवर ने चक्का बदला, हमने थोड़ा सहयोग किया

तो वह बड़ी विनम्रता से धन्यवाद ज्ञापित करने लगा। हमारी नजर टैक्सी के बाहर लिखे निर्देश पर पड़ी, जिस पर साफ लिखा था कि यदि रास्ते में टैक्सी खराब हो जाए तो आप न्यूनतम किराये देकर टैक्सी छोड़ सकते हैं, यह किराया वास्तविक किराये से काफी कम था, किंतु हमारे संस्कार इस बात की इजाजत नहीं देते कि किसी को रास्ते में इस तरह छोड़कर चल दें! अमरीका में रहनेवाले हमारे भानजे ने भी हमसे कहा कि आपको टैक्सी को छोड़ देना चाहिए था।

अमरीका में लोगों से बातचीत में एक बात बार-बार सामने आई कि यहाँ एकाकी जीवन के कारण कई बार बहुत से अकेले रहनेवाले वृद्धों की मृत्यु उनके अपने घर में हो जाती है और पड़ोसियों को तब पता चलता है, जब लाश से बदबू आने लगती है। इस एकाकीपन से घबराकर बहुत से वृद्ध या तो वृद्धाआश्रम में रहते हैं या वृद्धावस्था के लिए अपना कोई पार्टनर ढूँढ़कर उसके साथ रहने लगते हैं। ऐसे वृद्ध दंपती, जिन्होंने अपने जीवन में बहु-विवाह किया है और जिनकी अलग-अलग पति-पत्नी से संतानें भी हैं, उनकी ऐसी संतानें, जो उनके साथ नहीं रहतीं, वीकएंड पर उनसे मिलने भी आती हैं और उनकी जरूरतों की चीजें उन्हें उपलब्ध कराती हैं तथा उनके साथ थोड़ा समय बिताती हैं। उन्हें इस बात से कोई फर्क नहीं पड़ता कि उनके माता-पिता इस उम्र में भी नए पार्टनर के साथ रह रहे हैं। वे इसे बहुत ही सहज रूप में लेते हैं और उन्हें लगता है कि ये लोग एक-दूसरे को कंपनी दे रहे हैं, इसमें क्या बुरा है!

अमरीका की यात्रा के पहले हमारे दिमाग में यह बात बहुत गहरे से जमी हुई थी कि अमेरिकन समाज में परिवार जैसी संस्था नहीं है। अठारह वर्ष के बाद बच्चे माँ-बाप को छोड़ देते हैं या माँ-बाप खुद बच्चों को अपने पैर पर खड़ा होने के लिए घर से बाहर का रास्ता दिखाते हैं। लंबे समय तक लोगों का दांपत्य जीवन नहीं चलता है, जैसे कि हमारे देश में है, किंतु इसके ठीक विपरीत हमने सिएटल, सेंटियागो, लॉस एंजिल्स, न्यूयॉर्क आदि शहरों के बगीचों, समुद्र किनारे बहुत से ऐसे दृश्य देखे, जिसने हमारी इस धारणा को निर्मूल साबित किया कि अमरीका में परिवार जैसी इकाई नहीं होती। बेबी गाड़ी में या हाथ पकड़कर बुजुर्ग दादा-दादी, नाना-नानी बच्चों को घुमाते हुए दिखे। एक बात पूरी यात्रा में जो दिखाई दी, वह यह थी कि लोग अपने छोटे-छोटे बच्चों को बहुत अच्छे

तरीके से रखते हैं। उन्हें उन सभी जगहों पर ले जाते हैं, जो ज्ञानवर्धक, रोमांचक, मनोरंजक होती हैं और उनकी सभी जिज्ञासाओं को शांत करते हैं।

बच्चों की बहुत अच्छी तरह से परवरिश करते हैं। हमें यह भी जानकारी मिली कि अमरीका में बारह साल से कम उम्र के बच्चों को यदि घर में माता-पिता अकेला छोड़कर जाते हैं और इसकी कहीं से शिकायत होती है तो उन्हें सजा तक का प्रावधान है। लोग अपने बच्चों को बारह साल की उम्र तक अकेला नहीं छोड़ते। बच्चे के साथ किसी-न-किसी का रहना जरूरी है या फिर किसी झूलाघर या चिल्ड्रन होम में माता-पिता छोड़कर जाते हैं। चूँकि अमरीका में मानव श्रम बहुत महँगा है, घरेलू नौकर, आया रखना सबके बूते की बात नहीं है, इस कारण बहुत से नौकरी-पेशा भारतीय दंपती जब बाहर काम पर जाते हैं तो वे यहाँ से अपने माता-पिता को या किसी अन्य रिश्तेदार को बुलाकर रखते हैं। इसमें दु:खद स्थिति स्थिति यह है कि माता-पिता के प्रति आदर भाव कम और केयरटेकर की भूमिका अधिक होती है।

हमारे भानजे प्रशांत/वंदना की दो बेटियाँ हैं। बड़ी बेटी अक्षिता यानी चीनू और छोटी बेटी पूर्वा यानी मोहन। दोनों अमरीका में पैदा हुई हैं। इसलिए दोनों अमेरिकन नागरिक हैं। वहीं के स्कूल-माहौल में पढ़-लिखकर बड़ी हो रही हैं। उनका आत्म-विश्वास देखते बनता है। अक्षिता का सामान्य ज्ञान और जागरूकता का स्तर बहुत अच्छा है। बच्चों को अमरीका का इतिहास, भूगोल के बारे में, सामान्य गतिविधियों के बारे में काफी जानकारी है। बच्चों में अमेरिकन होने का एक गर्व भाव भी है। बच्चे बातचीत में बेखौफ दिखते हैं। उन्हें लगता है कि वे विश्व-नागरिक हैं, कहीं भी जाएँगे और कोई भी मुसीबत आएगी तो वे अमरीका के राष्ट्रपति से बात कर सकते हैं।

अमरीका जाने के पूर्व मुझे यह कतई नहीं पता था कि अमरीका हमारे देश के भौगोलिक क्षेत्रफल से सात गुना अधिक बड़ा है। यहाँ चार टाइम जोन हैं—एक ही देश के अलग-अलग शहरों में घड़ी की सुइयों में 3-30 घंटे का अंतर आ जाता है। हमने अपनी यात्रा अमरीका के सिएटेल से शुरू की थी और यात्रा का अंतिम पड़ाव न्यूयॉर्क था। इन दोनों शहरों का टेंपरामेंट अलग-अलग है। दोनों ही शहरों में भारतीय मूल के लोग बड़ी संख्या में

रहते हैं, किंतु सिएटेल, जो कि माइक्रोसॉफ्ट जैसी कंपनियों के कारण जाना जाता है, यहाँ अधिकांश भारतीय कंप्यूटर इंजीनियर आकर काम करते हैं। इसके विपरीत न्यूयॉर्क, जो कि अमरीका की वित्तीय राजधानी है, यहाँ गुजराती, पंजाबी अधिक रहते हैं। गुजराती लोग यहाँ होटल व्यवसाय से जुड़े हैं तो पंजाबी, विशेष करके सरदारजी, यहाँ टैक्सी आदि का कार्य करते हैं। अमरीका में घूमते हुए पूरी दुनिया के नागरिक दिख जाते हैं। अमरीका अपने निर्माण से ही विश्व नागरिकता की ओर अग्रसर रहा है। चूँकि अमरीका में अमेरिकन मूल के लोग नहीं के बराबर थे, बाहर से आए काले-गोरों, जिनमें चायना टाउन में रहनेवाले चीनी भाई भी सम्मिलित हैं, ने मिलकर यूनाइटेड स्टेट ऑफ अमरीका बनाया। अमरीका की पहली भाषा अंग्रेजी और दूसरी भाषा स्पेनिश है। अमरीका ने अपनी विस्तारवादी प्रवृत्ति के चलते अपना साम्राज्य बढ़ाने की दृष्टि से मैक्सिको से उसके प्रांत खरीदे। आज जिसे हम 'कैलिफोर्निया' स्टेट के नाम से जानते हैं, कभी वह मैक्सिको का हिस्सा था।

मैक्सिको अपनी खराब आर्थिक स्थिति और बिगड़ी कानून व्यवस्था के चलते विकास की गति में पिछड़ गया है। अमरीका से लगे होने के कारण मैक्सिको के नागरिक बड़ी संख्या में अवैध तरीके से अमरीका में घुसपैठ करके अपनी आजीविका चलाते हैं। अमेरिकन भी कभी-कभी इस घुसपैठ को नजर-अंदाज करते हैं, क्योंकि उन्हें सस्ती लेबर चाहिए। 'मैक्सिकन' लोग यहाँ आकर घरों के आउट हाउस आदि में रहकर काम करते हैं। जब सरकार को इन्हें खदेड़ना होता है, तब खदेड़ देती है।

अमरीका के प्रत्येक नागरिक का एक पहचान-पत्र, एक नंबर है, जिसके कारण उसकी पहचान आसान है। इसके बावजूद मैक्सिकन लोग बड़ी संख्या में आकर इसलिए भी रह पाते हैं, क्योंकि उनके देश के ही बहुत से लोग, जो कैलिफोर्निया जैसे स्टेट के निवासी थे, आज अमेरिकन नागरिक हैं। मैक्सिकन लोगों की बड़ी संख्या के कारण मैक्सिको से अवैध तरीके से आनेवाले घुसपैठिए, अपने लोगों के बीच आसानी से खप जाते हैं। बोली, भाषा, कद-काठी एक सी होने से इन्हें आसानी से पहचाना भी नहीं जा सकता। सस्ती मजदूरी में उपलब्ध इन मजदूरों को कई बार जानकार भी नहीं पहचान पाता। मुनाफे का

सौदा जो ठहरा और मुनाफा शब्द आते ही अमरीका की लार टपकने लगती है।

अमरीका, जो आज विश्व व्यापारी है, यह बहुत अच्छी तरह से जानता है कि कौन सी चीज कब-कहाँ और कैसे बेची जाती है या उसकी ब्रांड वेल्यू कैसे बढ़ाई जाती है! मैक्सिको से खरीदे गए हिस्से में, जहाँ खूबसूरत रंग-बिरंगी प्रकृति, पहाड़, नदी, झरने, समंदर शामिल थे, वहीं लासवेगास का मरुस्थल भी। वेगास की मरुभूमि को पूँजी की चकाचौंध के जरिए दुनिया के सबसे बड़े जुआघर में तब्दील कर दिया गया है।

वेगास की रात पूरी दुनिया में मशहूर है। दूधिया रोशनी में नहाए इस शहर में रात में जितनी रोशनी, हलचल, जीवन के विविध रूप-रंग देखने को मिलते हैं, उतने दिन में दिखाई नहीं देते। वेगास अमीर लोगों के लिए धरती का जीता-जागता स्वर्ग है, जहाँ सुरा, सुंदरी, जुआ, मनोरंजन सबकुछ है। सबकुछ लुटाकर कुछ पा लिया की मृग-मरीचिकावाले इस शहर में जितने जुआघर हैं, उससे ज्यादा बैंकों के ए.टी.एम.। जुआ खेलनेवालों को पैसों के लिए दूर न जाना पड़े, इस बात का पूरा ध्यान रखा गया है। जुआ खेलनेवाली टेबल या मशीन पर ही खाने-पीने की सारी वस्तुएँ उपलब्ध करा दी जाती हैं। यहाँ होटल थोड़े सस्ते हैं, क्योंकि लोगों को होटल में कम रुकना है, ज्यादा समय तो जुआघर में रहना है। हार गए या जीत गए, दोनों ही स्थिति में थकान मिटाने के लिए होटल में सारे इंतजाम हैं। यह जादुई नगरी है। मनुष्य द्वारा प्रकृति को जीतने की कोशिश की जीती-जागती मिसाल है, लॉसवेगास। इस मरुस्थल में हरियाली, तीन सौ किलोमीटर दूर से पानी का इंतजाम मनुष्य के दुस्साहस की कहानी को दुहराता है।

वेगास के खुलेपन, अलमस्त जीवन-पद्धति की छाप यहाँ की सड़कों पर घूमते हुए भी महसूस की जा सकती है। रात के समय में बहुत बढ़िया कोट-पैंट, जूते पहने हुए जब अपनी आदत अनुसार अपनी पत्नी और भानजे प्रशांत से आगे-आगे अकेले चला जा रहा था, एक नौजवान, जिसके हाथ में गिटार था, मेरे साथ हो लिया और मुझे कोई सेठ समझकर रात का पार्टनर बनाने का ऑफर देने लगा। मेरे भानजे प्रशांत ने आकर जब उसे समझाया तो उसे लगा कि ये आदमी मेरे ग्राहक को बहका रहा है। जैसे-तैसे उससे पीछा छुड़ाकर

हम आगे बढ़े, पत्नी पूछती रही; वह क्या कह रहा था, भानजा प्रशांत हँसने लगा। कहने लगा कि मामा को सेठ समझकर कंपनी देने आ गया था।

अमरीका के कैलिफोर्निया सहित कुछ राज्यों में समलैंगिक विवाह की अनुमति है। हमें कुछ जोड़े ऐसे भी दिखे, जो थे तो एक ही लिंगी, पर उनका आचरण उभय-लिंगियों की तरह था। आलिंगन, किस यहाँ ये सब सामान्य सी बात है। आपको फर्क पड़ता हो तो पड़े, यहाँ के लोगों के लिए यह उनकी दिनचर्या का हिस्सा है।

वेगास होटल के जुआघर में स्थित रेस्टोरेंट में बैठे-बैठे अचानक मेरी पत्नी रचना ने अपने बैग में से लाइटर, कैंडल, केक निकाला और टेबल पर जमा दिया। हमारे भानजे प्रशांत का जन्मदिन था। रचना ने उसे टीका लगाया, केक खिलाया। प्रशांत के लिए यह चौंकानेवाली बात थी। वेगास जैसी जगह में अपनी परंपरा के साथ जन्मदिन! प्रशांत भावुक हो गया। जन्मदिन की खुशी को हमने थोड़ा जुआ खेलकर सेलीब्रेट किया। मैंने कभी भी पोकर नहीं खेला था। थोड़ी देर टेबल के सामने खड़े होकर खेल को समझा, फिर खेलने बैठ गए। तीन पत्तों के इस खेल में मुझे पहली बार तीन इक्के लगे। मैं पूरी तरह से खेल को समझ नहीं पाया था, इसलिए 10 डॉलर से ही खेला। जैसे ही पत्ते सबने देखे, बहुत जोर से अगल-बगल के लोग आश्चर्य से चिल्लाए, खुशी जाहिर की। मैंने जुआ जीत लिया। रात में तीन बार अलग-अलग टेबल पर पोकर खेला और जीतता गया। जीत के साथ ही माँ यानी बाई याद आई। बाई अकसर कहती थी, "जुए की जीत बुरी होती है। लालच सबकुछ ले जाता है।" बाई की सीख को याद करके 'पोकर' से विदा ली।

वेगास में 'जेंटलमैन क्लब' है, जहाँ खूबसूरत लड़कियाँ अर्द्धनग्न डांस करती हैं। एक निश्चित फीस के साथ इस क्लब में ड्रिंक्स पीना अनिवार्य है। जब आप अकेले बैठे हों तो कोई एक लड़की आपके पास आकर आपको लव डांस दिखाने का ऑफर देगी। यह एक इंटीमेंट डांस है, जो लड़की आपके ठीक सामने करेगी। शर्त यह है कि आप उसे छू नहीं सकते। वह अपनी बहुत झीनी सी पेंटी को छोड़कर सब कपड़े उतारेगी। एक गाना खत्म होने तक डांस करेगी।

कुछ शौकीन लोग दो-तीन लड़कियों के डांस एक साथ देखते हुए दिखाई

दिए। ये लड़कियाँ पार्ट टाइम इस तरह का काम करती हैं। इनमें से बहुत सी लड़कियाँ कहीं-न-कहीं पढ़नेवाली स्टूडेंट होती हैं। होटल के क्लब और इस तरह के बहुत से क्लब का एक ड्रेस कोड है। आप वाकिंग शू पहनकर यहाँ नहीं जा सकते। आपको प्रॉपर ड्रेसप होकर ही ऐसे क्लब में जाना होगा। यह भी बड़ा अजीब है कि एक खूबसूरत लड़की आपके सामने अपना पूरा सौंदर्य, देह उजागर करे और आप मूकदर्शक की तरह उसे बिना स्पर्श किए केवल डांस देखें! पश्चिमी समाज में जो खुलापन, बराबरी है, उसके भी बहुत ही रोचक नमूने देखने को मिले। विवाह के पूर्व यहाँ लड़कों की बैचलर पार्टी और लड़कियों की फ्रीडम पार्टी बहुत लोकप्रिय है। विवाह के पूर्व की रात्रि को भावी दुल्हन अपनी अंतरंग सहेलियों को फ्रीडम पार्टी देती है। इस फ्रीडम पार्टी की वेश-भूषा दुल्हन की तरह ही होती है। लड़कियाँ किसी होटल, गेस्टहाउस या घर में पार्टी आयोजित करती हैं और वहाँ अपने अनुसार रात गुजारती हैं।

इस रात में उसे कोई टोकता नहीं, क्योंकि अमरीका में भी ऐसा माना जाता है कि विवाह के बाद उसकी फ्रीडम समाप्त हो जाएगी। इस कारण जो भी स्वतंत्र जीवन की लालसा है, उसे इस रात में पूरा कर लो। उस रात के बारे में कोई सवाल नहीं करता। वैसे अमेरिकन समाज को हमने जितना देखा, जाना, उसमें ऐसा कहीं नहीं दिखा कि लड़कियों को लड़कों से कम फ्रीडम है या विवाह के बाद वे बहूजी बन जाती हैं, फिर भी परंपरा के अनुसार फ्रीडम पार्टी जारी है।

विज्ञान और तकनीक के चलते दुनिया दिन-प्रतिदिन छोटी और आसान हो रही है। हम आज ग्लोबल विलेज की बात करते हैं। विश्व नागरिक जैसा भी सपना अब हमारी आँखों में पलने लगा है। दुनिया के किसी भी कोने में जाना आसान हो गया है। घर बैठे-बैठे सोशल साइट, मीडिया और वेबपोर्टल के जरिए हम दुनिया की खबरें तुरंत पा लेते हैं, उस पर अपनी राय भी दे देते हैं। बाजार ने वस्तुओं और विज्ञापनों के जरिए पूरी दुनिया को एक से साइन बोर्ड, ब्रांड में तब्दील करने की दिशा में काफी तरक्की कर ली है। अब तो रायपुर में भी अमरीका की बड़ी-बड़ी कंपनियों की ब्रांड वस्तुओं के शोरूम दिखने लगे हैं। कोलगेट से लेकर लेवाईस, पीटर इंग्लैंड, रेबेन से लेकर वालमार्ट,

पिज्जा-बर्गर से लेकर KFC, सबकुछ सब जगह मिलने, दिखने लगा है। मुंबई, दिल्ली, बैंगलोर, चेन्नई जैसे शहरों के बड़े-बड़े मॉल, अमरीका-यूरोप की प्रतिकृति दिखाई देते हैं। ऐसे सभी कारणों के चलते अमरीका के किसी भी शहर में घूमते हुए ऐसा नहीं लगा कि हम अनजाने देश, शहर में घूम रहे हैं। बाजार के साइन बोर्ड, ब्रांड हमें विश्व नागरिक होने का अहसास करा रहे थे। अमरीका से ऐसा क्या लाया जाए, जो हमारे देश में नहीं मिलता, यह सोचकर, कुछ भी खरीदने, ढोकर लाने का मन नहीं हो रहा था। सभी कुछ तो सब जगह जैसे चाँद, सूरज, तारे हैं, वैसे ही बाजार की ब्रांडेड वस्तुएँ हैं, जो सब जगह दिखाई देती हैं। लोगों ने कहा कि अमरीका से परफ्यूम, कास्मेटिक्स लेते जाओ, इंडिया की तुलना में सस्ता है।

कुछ बड़े मॉल, डिपार्टमेंटल स्टोर में रखे कपड़ों को ध्यान से देखा तो उनकी कंपनी का टेग तो अमेरिकन था, पर वे तैयार हुए थे चीन, पाकिस्तान, बँगलादेश में। ये कुछ ऐसा ही है कि बाटा के जूते कहीं और तैयार होते हैं, पर ब्रांडिंग बाटा की होती है। कपड़े हों या सॉफ्टवेयर, जहाँ लेबर सस्ता है, वहाँ से कच्चा माल तैयार करवाओ और उसे अपने ब्रांड के नाम से, कंपनी के नाम से बेच दो। उत्पादक से ज्यादा मुनाफा विक्रेता को। यही हमारे बाजार का सिद्धांत है। एफ.डी.आई. के आने के बाद तो अब हमारे देश में वे सब कंपनियाँ आ जाएँगी, जो अभी तक किन्हीं कारणों से नहीं आ पाई थीं।

अमरीका के सभी महत्त्वपूर्ण पर्यटक स्थल, म्यूजियम और महत्त्वपूर्ण स्थानों पर भ्रमण के दौरान एक बात जो ध्यान में आई, वह थी, सब जगह संबंधित स्थान की सामग्री के डिपार्टमेंटल स्टोर बने हुए हैं। डिजनीलैंड, हॉलीवुड, नियाग्रा, मैडम तुसाद म्यूजियम, वाशिंगटन डी.सी., लिबर्टी ऑफ स्टेचू, सब जगह संबंधित स्थान की महत्ता को बतानेवाली सामग्री, जिसमें कपड़े, कीरिंग्स, पेंटिंग्स, किताबें आदि सभी सामग्री बेची जा रही थी और बेचने के मामले में अमरीका किसी भी बड़े-से-बड़े बनिए को मात कर सकता है।

बहरहाल पर्यटक की तरह घूमो तो अमरीका का वह कथित ढका हुआ क्रूर साम्राज्यवादी चेहरा नजर नहीं आता है। इसे भी अमरीका की विशेषता कहूँ?

□□□